Kısmet

TUĞÇE IŞINSU

FENİKS

TUĞÇE IŞINSU

Spiritüel Danışman, Yazar

FMV Özel Işık Lisesi ve İstanbul Üniversitesi, İngiliz Dili ve Edebiyatı mezunu olan **Tuğçe Işınsu**, 11 yıl süren reklam yazarlığı kariyerinin ardından doğuştan sahip olduğu psişik güçleri ve aldığı spiritüel eğitimlerle Spiritüel Danışmanlık yapmaya başlamıştır. Kendi sunduğu ve konuk olarak katıldığı yüzlerce televizyon programında Bilinçaltı, Bereket, İlişkiler, Spiritüel Akımlar, Mistisizm, Enerji Çalışmaları, Şifalanma Yöntemlerini tüm Türkiye'ye ve dünyaya tanıtan **Tuğçe Işınsu**, yüz binlerce okura ulaşan 9 kitabın da yazarıdır. Kitapları, Türkiye'de ve dünyanın farklı ülkelerinde en çok satanlar listesinde zirveye çıkmış ve aylarca listede kalmıştır. **Tuğçe Işınsu** kitapları ile dünyada yüz binlerce insan, farkındalık yolculuğuna çıkmış ve dileklerini gerçekleştirmiştir. Dünyanın her yerinden danışanları ile çalışmalarını sürdüren **Tuğçe Işınsu,** *KISMET* ile size gizemli formülleri, spiritüel sırları, dileklere kapı açan manevi yolları, kendi iç gücünü anlamanın en sıra dışı yöntemlerini sunuyor.

"Her konuda" kısmet açma yolları

Gelmiş geçmiş en etkili ritüeller

Gizemli formüller ve uygulamalar

Tılsımlar ve şifreler

Sırlar ve telkinler

Dilekleri gerçek yapan niyetler

Özel dua terkipleri

Senin kısmetin senden başkasına isabet etmez.

Bu kitapta, hayatın her alanında kısmet açan yolları keşfederek mucizevi bir yolculuğa çıkacaksın...

Niyetine odaklan, dileğini tut ve başla.

Paradan aşka, hedeflerden kariyere, özel niyetlerden arınmaya her konuda seni kuvvetlendirecek yollar...

En güçlü telkinlerle, yeni bir sen ortaya koyabileceksin.

Binlerce yıllık gerçek şifa yolları...

TILSIMLARIN gücü ile artık hayatında her şey hızlanıp kolaylaşacak...

Dilek ritüelleri, seni şaşırtmak için geliyor...

Blokaj veya engel yaşıyorsan, bunu ortadan kaldıracak tüm şifrelere artık sahipsin.

Gizemli yollardan geçerek yeni bir hayatın olacak...

Sırları öğrenecek, neler yaparak enerjini yükselteceğini keşfedeceksin.

Duaların gücü, seni saracak ve seni yolunda sonsuz bir güç ile destekleyecek...

ALLAHU EKBER

TILSIMLARIN SIRRI

Hiç'likten Gelen Güç kitabım sayesinde, tüm ülkede çok konuşulan bir konu oldu ve aylarca gündemi meşgul etti tılsımlar... Tılsım, niyete girmek ve enerjiyi başlatmaktır. Tılsımların tarihi, insanlık tarihi kadar eski aslında. Şifre, kod, dua, motif, Esmaü'l-Hüsna ve ayetlerden oluşabiliyor. Dinen caizdir çünkü dua içeriyor, her duanın tek muhatabı ALLAH olduğuna göre tılsımı kullandığında da sonuca ALLAH karar verecektir. Şirk asla değildir çünkü içeriği melek adları, ALLAH'ın adları, KUR'AN'daki sure ve ayetlerin kodlanmış halleri olan bir sistem şirk olamaz. Tılsımlar vardır ve gerçektir, bir sistem dahilinde oluşur. Kişiye özeldir tılsım; yani onu kullanan kişiyi tanır, bilir, elbette ki onun enerjisine uyumlanır.

Türk tarihinde tılsımların önemli yeri vardır. Nasıl Osmanlı'da giyilen tılsımlı gömleklerimizi tüm dünya bugün hâlâ merak ediyor, inceliyorsa bizlere kalmış bu büyük ve önemli enerji mirasına bugün bizler de sahip çıkmalıyız. Selçuklu'dan Osmanlı'ya kadar uzanan bir anlamı, duygusu, derinliği, etkisi ve gizemi var tılsımların...

Tılsım; etki edendir ve enerjiyi başlatmaktır, niyeti güçlü kılmak için manevi bir yola başvurmaktır. Osmanlı'da üzerine ayet ve Esmaü'l-Hüsna bulunan tılsımlı gömleklerle savaşa gidildiyse, günümüzde hedefi, dileği, niyeti için isteyen bu manevi yolu deneyebilir. Ben kendi hayatımda bu yolla, birçok mucize yaşadım ALLAH'ın izni ile. Tılsım ona inananı bilir ve tanır, buna uygun çalışmaya başlar...

Tılsım; üzerine bulunduğu şeyi ve yeri tılsımlar, yani onu tılsımlı hale getirir. Anadolu'da bugün bu gelenek her yerde görülebilir. Aşk, para, şifa, niyet, kısmet ve her konuda insanlar tılsımların gücüne başvurmaktadır. Geçmişte kalmaması gereken, örf ve âdetlerimizde yeri olan bu sıra dışı ve çok özel yol, bugün de yaşamlarımızda bizlere destek olmaya hazır.

Tılsım; iyi şans getirir, engeli kaldırır, içeriğine göre dileklere de hizmet eder. Semai güçle temastır tılsım; Mezopotamya'da, Eski Mısır'da, birçok din ve kültürde de yeri vardır. Tılsım; kişiye aittir, kişinin enerjisini alır. Tılsımlar ve tılsım içeren kitaplar, kısa süre içinde sahibi olan kişinin enerjisine uyumlandığı için kitap ve tılsım, başkasına elletilmez. Bu tarzda hazırlanmış mistik ve enerji gücü olan kitapları, bu nedenle kimse ile paylaşmayın. Başkası veya inanmayan, kötü niyetli veya size enerjisi uymayacak biri dokununca veya kitapla, tılsımla çalışınca enerji bölünür veya yok olabilir... Bir önceki kitabımda ve yine bu kitapta bunu belirtmemin sebebi; ticari satış kaygısı değil, bu özel ve gizemli sebepti. Çok satmak için insanların sataştığı tarzda ticari oyunlara ihtiyacım yok, son 5 kitaptır zaten hep zirvedeyiz. Çok şükür, veren ALLAH'a ve sonsuz teşekkürler hepinize...

Tılsımlar, duadan oluştuğu gibi semboller ve mühürler de içerebilir. Tılsım, sahibi ile arasında görünmeyen ama çok etkili bir bağ kurar. İnanç; etkiyi başlatır, sonuca ALLAH karar verir. Haram olan büyüdür, büyü özgür iradeye etki eder. Tılsım, özgür iradeye müdahale etmez. Tılsım olumludur, rahmanidir. Daima hak ve helal olanı isteyerek yola çıkılır. Tılsımı yaparken ve kullanırken, niyet net ve berrak olmalıdır. İşin içine şüphe katmadan tam bir inanma ile yola çıkılmalıdır. Binlerce yıldır takılara, eşyalara, gömleklere, örtülere, kılıçlara, evlere yapılan tılsımlar, gizemli bir enerji ve kuvvetli bir etkidir.

Ritüellere gelince... 10 yıldır Türkiye'de ritüel anlatan biri olarak şunun altını çizmek isterim: Ritüeller de asla özgür iradeye müdahale etmez. Yapılırken sizdeki "niyet" önemlidir...

Ritüel, sembollerle çalışmaktır. O uygulamanın kendisinden ve içindeki malzemelerden çok, ona yüklenen inanç, sonucu getirecektir. Ritüeli siz başlattığınızda, bilinçaltınıza komut gitmektedir. Bilinçaltı da inanmış olduğu şeyi, size çekmek için büyük çaba ile yola çıkacaktır.

Seans ve kitaplarımın yanı sıra, sadece sosyal medyada sizlerle paylaşmış olduğum tılsım, ritüel, formül ve dualarla 10 yılda yüz binlerce insanın hayatında kökten ve büyük değişimler olmuştur. Demek ki tılsım da ritüel de gerçektir.

YILAN TILSIMI

Şimdi güç, gizem ve sırları simgeleyen bu sembolün üzerine sol elini koy ve söyle:

"Şimdi ve tüm zamanlara doğru, bu kitabın içinde bana verilecek tüm bilgeliği, mucizeleri, gizemleri, sonuçları, gücü almaya ve bunları benim, bütünün, herkesin, her şeyin hayrına kullanmaya söz veriyorum ve niyet ediyorum."

Söyledikten sonra 888 YA BEDİ esmasını sayfa üzerine doğru zikrederek ve üfleyerek bu an'ı mühürle ve enerjiyi başlat.

EĞER HIZLA YENİ BİR KAPI AÇILSIN İSTERSEN, KAPANMIŞ TÜM KAPILARA ŞÜKREDEREK BAŞLA...

Tüm inançlar, anılar gibi ruhsal hafızamıza, bilinçaltımıza kaydedilir. Bu inançlar değişince: hayat değişir. Herkes yeni bir hayat ister, fakat geçmişi veya kök eski ve artık işe yaramayan bir inancı geride bırakırken bunu zor yapar. Sebebi ego'nun gelip durdurması, değişime engel olmasıdır. Değişimi bilinçaltında başlatırsan sonuç kesin ve keskin olacaktır.

Şimdi dur! Her şeyi bırak ve an'a odaklan:

"En derin ve kökten şekilde, tüm doğru kayıtlarıma da ulaşarak kendimde, yaşamımda dönüşüme izin veriyorum. İyileştirici gücü tüm yaşamımda kabul ediyorum. Saf ve ilahi olanla buluşmaya hazırım. Ben hayatımı dönüştürebilirim." de ve hareketi başlat.

Bir inanç senin ruhunda "doğru olarak" kabul edildiği zaman, bir program çalışmaya başlar. Yanlışı, eksisi sorgulanmadan hayatınızda bu doğru saydığın ile ilgili bir akış başlar. Doğru saydıkların gerçekten senin hayatında işe yarıyor mu bunu bulmalısın. Değilse; sana yüklemiş olduğun programları dönüştürebilirsin. Derin inançlarını değiştirirsen, yeni programları da yükleyerek hayatını baştan oluşturabilirsin. Olumsuz inançları bulmalı, bilinçaltını yeniden programlamalısın. Seni destekleyecek yeni yüklemeler, içselliğini iyi yöne çekecek, ruhta ve bütünde iyileşeceksin.

İlahi şifa ile bir olmaya, kendi hayrına olanı çekmeye niyet et.

Sen sezgilerinle tüm büyük resmi okuyabilir ve daha iyi bir hayata geçebilirsin.

Kendi şifacın oldukça, çok net, başkalarına da iyi geldiğini göreceksin.

Her kul, ALLAH'tan bir zerre taşır. ALLAH, bizlere kendi ruhundan üfleyecek kadar çok bizlere değer verir. Bizler de aynı şekilde yaşamlarımıza çok değer verip sahip çıkmalıyız.

Hayatındaki her şey, bir amaca hizmet ediyor. Fark et. Neden o şekilde şartlandın, neden o şekilde inandın, neleri değiştirmelisin, Yüce ALLAH neyi öğrenmeni istiyor, yaşam planında sana en doğru ne hizmet edecek... Bunları bul.

Arzu ettiğin gerçeği oluşturabilirsin. Gerçekte kim olman gerekiyorsa, sen o kişiyi bulup onunla artık tanışmalısın.

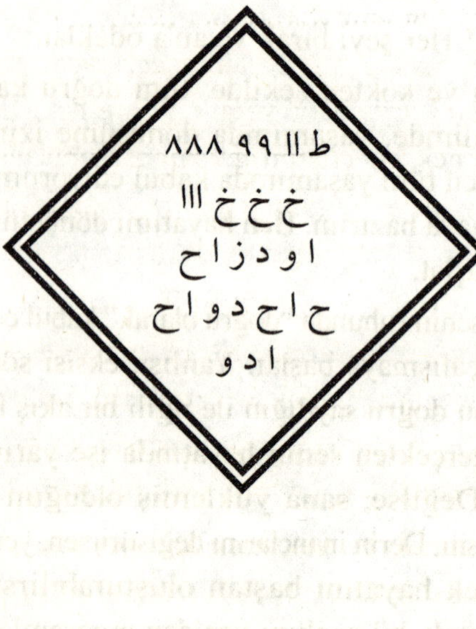

SENDEKİ İYİLEŞMEYİ, GEÇMİŞ KARMAN, KORKU, ŞÜPHE, İNANMAMAN DURDURUYOR...

Doğru etkileşim kurduğun herkes, seni enerji alanında yukarı taşır. Yaşamına çekilen her insan, bir sebepten gelir ve bir farkındalık için sana şans verir. Gelen, öğretmek için gelir. Öyle olmasa gelmezdi. Ruhsal ve ilahi bu tarz anlaşmalar, önceden yapılmıştır... Zamanı gelince o kişi seni bulur, karşına çıkar.

İyi ve kötü deneyim yoktur, her deneyim öğreticidir. Eğer gelen bir yaşam dersini doğru alamazsan, alabilmen için enerjiler dünyası yeni bir kurgu daha yaratır. Direnmek, "Ben bunu hak etmedim." demek bir çözüm getirmez. Bunu da ben seçtim, bu benim için iyi ve öğretici diyebilmelisin. Sorunlar yerine, ruhunu geliştiren erdemler hakkında daha çok konuş, enerji yay.

Bilinçaltı dönüşümü, iyileştirici bir sanattır. Gelmiş geçmiş en etkili yollardandır. Bu güce her insan sahiptir. Bu çalışmalarda inanmış olmak ve süreklilik sonuca yaklaştırır. Kendi üzerinde, sorunun üzerinde çalışırken kaygılı olmamalısın, sonuca güvenmelisin, detayların farkında olmalısın.

Ruh, öğrenmek ve gelişmek için yolculuk yapmaktadır. Zorluk veya engel geldiyse, buradaki mesaj nedir, bunu bulursan seni terk ederler hızla... Erdem yani doğru enerji, hayırlı olanı isteyebilme bilgeliği çok önemlidir. Sana hizmet etmeyen bir şeyi hâlâ yaşamına çekme çaban, diğer alanlarını da bloke eder... Zor durumları genele ve zamana yaymadan, yaşamında köklendirmeden hızlı bir şekilde yakalayıp, dönüştürüp yaşamından, yaşam dersini de alarak gönderebilirsin.

Her sorun ve zorluk, her çöküş derin bir anlam ve nedenle bizi bulur. Ruh, hep öğrenmeye ve almaya devam etmelidir. İyi ve kötü yoktur, niye, ne kadar hizmet ettiği vardır. Ben en büyük acılarımı fırsata ve başarıya dönüştürdüm mesela, mutlu günlerim bana iyi gelmiş olabilir fakat bana büyük fırsatları en büyük çöküşlerim sundu. Bu, bir savunma mekanizması değildir, bir gerçektir. Bir zorluk gelince, tekrar etmesini istemiyorsan: ruhsal olarak seni ne yönde geliştirdi bu durum, bunu keşfet.

En büyük yaşam dersleri ve zaferler, en büyük zorluklarla birlikte gelir... Kendi üzerinde çalışarak dünyanı değiştirebilirsin. İlk olarak her şeyin olası ve mümkün olduğunu anla. Bilinçaltın neleri imkansız görürse onlar olmaz, nelere inanırsa onlar olur. Demek ki oradaki programları bulmak mühim. Düşünce, dua, inanış biçimi ve destekleyici ritüeller seni istediğin sonuca götürür. Gün içinde kullandığın, pek çok ifadenin içinde "inanmadıkların ya da korktuklarınla" ilgili pek çok şifre saklıdır. Sık neleri tekrar ettiğini bul.

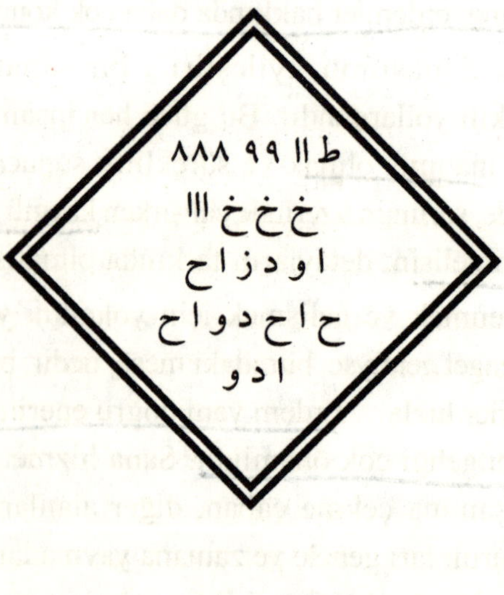

KENDİNİ YENİDEN PROGRAMLA

DEVASA kolektif bilinçaltı; sen doğarken doğum anında birçok bilgiyi, kodu, inancı çektiğin yer işte burası.

Senin yaşadığın her olumsuzluk, senin kaderin değil. Bazıları hatta sana bile ait değil; bu bilgi ve kodları, bunları dönüştürmen sandığından kolay. Sezgilerini kullan, köke in, şifayı yaşamında kabul et, her kaydın dönüştürülebileceğine ikna ol. Geçmişi sev, geçmişe bağımlı olma. Dönüşüm başlayınca, geçmişteki negatif anları tekrar etme: anlatma, canlandırma, söyleme, anımsama. Bu tip anlarda kendini yakalarsan; iptal et. Yenilenme enerjisi başlayınca, eski ve artık işe yaramayanların tekrar edilmemesi gerekir.

Bir şeyin senin yaşamında işlemeye başlaması için ona yeterince inanmış olman şarttır.

İnancı bul ve değiştir, değiştirilmiş inanç artık hayatın üzerinde etkili olmaz. İnanç, artık pozitif bir enerjiye dönüşmüş olmalıdır. Eski komutu değiştirip yeni komut gireceksin. "tamamlandı, ve öyle de oldu, tamam, halloldu, hazırım" gibi ifadeler kullanabilirsin. Sen genetik hafızanın da esiri olmak zorunda değilsin; aileden gelen, geçen her bilgi doğru değildir ve yaşam akışında bu kadar etkili de olmak zorunda değil. Akaşik kayıtlardan geçen bilgilerin bir kısmı senin hayrına elbette olabilir, fakat sana ait olmayanlarını dönüştür. Sen, saf ve sana en iyi hizmet eden ÖZ ile beslenmek zorundasın. Yaşam yolculuğunda buna ihtiyacın var.

Devralmış olduğun pek çok inanç; geçmiş yaşamlardan (reenkarnasyon değil, senden önceki yaşamlardan doğarken kayıt alıyorsun) veya kolektif bilinç/altından geliyor... Her enerji anısı senin üzerinde hak sahibi olmamalı. Eski bellekten gelen tüm anı, öğreti, işe yaramayan kodları bulup, iyice anlayıp arındırmalısın. Ruhsal hafızadaki bazı anı ve kayıtlar, sende hâlâ durduğu için sen de o anılara benzer olayları yaşamında hâlâ deneyimliyorsun. Yani kayıt oradan silinince, konunun devam etmeyeceğini anlatıyorum sana.

İnanç değişince, bu inancın enerjisi biter yani hayatında bir yansıması olmaz. Olayı yeniden yaşamazsın. Kim olursan ol, ne yaşarsan yaşa, ne kadar zor da olsa: dönüştürülebilir. Bilinç seviyesinde sürekli deneyerek değil; soruna neden olan gerçek inancı bularak!

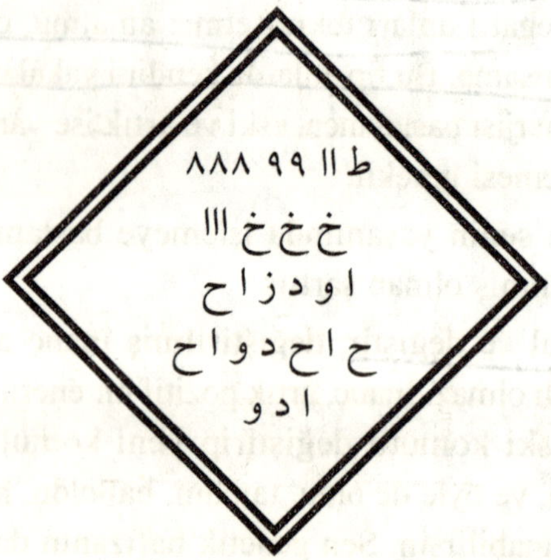

KISMET,

SENİN

YERİNİ

BİLİYOR.

KISMET / Tuğçe Işınsu

YÜCE ALLAH'TAN ŞİFA İSTEMEK SENİN DOĞUŞTAN EN BÜYÜK HAKKIN

Öz benliğini tanı.

Kimsin ve kim olarak devam edeceksin, keşfet.

Genetik enerji geçişlerini bul.

Geçmişi bugüne taşıma, dersi al ve bırak.

Ruhsal hafızaya gir.

Dönüşüm şifa çalışmalarında "bir anda gelen, net" bilgiler hep en doğrudur. Seanslarda mesela; bazen danışan; kanal açılınca, bazı anılar görür veya hatırlar. Bunları bazen zor aktarır veya görünce afallar. Bunun sebebi, en öze inince, derinlerde bir yerlerde kendi en gerçeğini bulmuş olmanın onu şok etmesidir. Bir yandan da bu etkileyici deneyim onlara mucizevi gelir...

Enerjileri kullandıkça, theta kanalına da girdikçe, manevi yolları da kullandıkça psişik duyumlar açılır. Açıldıkça, sezgi yolu ve içsel rehberlikle daha kolay yol alım başlar. Geçmiş kayıtlar daha net ortaya çıkar, dönüşümler hızlanır. Sorunun kökü elbette geçmişte, fakat bu geçmişe takılı kalmak demek değil. Takılı kaldığın şey, olumsuzca seni yönetir. En trajik olaydan başlar genelde ruh dönüşüme. Zorluklar hakkında konuşan her insan, tekrar tekrar zorluk deneyimler... Eski deneyimden yararlan, fakat onun içinde takılı kalma. Geçmiş yaşam enerjisi, sana bugün lazım olan enerjiyi tüketmemeli... Sen bir uyanış için geçmişi kullanıyorsun, bu, geçmişte kalmak demek değil. Bu arada, "hatırlamak" her zaman hâlâ etkileniyor olmak demek değildir. Her hatırladığın anı veya kod seni etkilemez.

Bu tarz enerji çalışmalarını başlatınca tüm çevrende işaretler de görürsün; kaybolan eşyalar, kırılan eşyalar, değişen enerjiler, yeni gelenler, terk ve bitişler, çok eskiden gelen bir mesaj gibi…

Öze in.

Gerekenleri topla.

Sorular sor, ilk gelen cevaplar doğru.

İnançları keşfet.

Basitçe bitmesini komutla.

Olayın ve anının üzerine çık: gitmesini komutla.

Sil ve bitir.

Karma yeminleri varsa ve kuvvetli ise, çalışmayı tekrar et.

Yararlı olmayan her şeyi bırakmak: işte güç budur.

21 GECEDE "ATALARDAN GEÇEN" OLUMSUZ ENERJİ MİRASINI BIRAK

KARMA çalışmaları ilk etapta elbette aile üzerinden başlar. Dua ve bilinçaltı ile dönüşüm bu alanda mümkün. Ailen nasıldı... Sence sana neler yüklediler... Nelere inandılar... Nereden geldiler... Onlara neler oldu... Ataların hakkında gerçekten berrak ve öz bilgiye sahip misin?.. Tüm bu gerçekler elbet onlardan sana geçti ama olumsuz tarafları seni bugün zarar da göreceğin şekilde etkilemek zorunda değil. Atalardan DNA ile geçiş yapmış ama senin için doğru olmayan anıyı veya inancı dönüştürmelisin.

Hükmünü yitirmiş bir enerji artık seni bloke etmemeli.

Aile, kaderdir ama oradan sana geçen eski bir kayıt dönüştürülebilir ve bu, kaderin değildir.

"Niyet ettim bu gece ve devam eden 21 gecede geçmişten gelen tüm olumsuz enerji mirasını hayırlısı ile yaşamımdan arındırmaya." diyerek başla. Aşağıdaki kuvvetli uygulama 21 gece ve günde dönüşüm sağlayacak. Takip eden takribi üç aylık süreç içinde, yaşamındaki kökten yansımalar fark edilecek.

Gece:

21 Besmele çekip 21 Salavat oku; bu, bir giriş aşaması olacak.

Ardından: Fetih, Rahman, Fil, Kureyş Surelerini konuya niyet edip birer kez oku.

Ardından HACET NAMAZI kıl.

7 adet Kafirun Suresi oku.

Bakara Suresi'nin ilk 5 ayetini oku ve tamamlarken Kehf Suresi'nin ilk 10 ayetini oku.

"ALLAH'ım iyi niyet ve şifa için girdiğim bu yolda bırakabilmeyi ve şifaya açılmayı en doğru şekilde nasip et." diyerek mühürleme yap.

Bu tip iddialı bir yola çıktığında, gerçekleşeceğine de inan. Bir yaratım yapınca sen; o, gerçek olacaktır. Unutma, burada dualar var ve muhatabın ALLAH. O, seni duyuyor. İste ki vereyim diyor...

ALLAH KABUL ETSİN, AMİN.

İSTEĞİN GERÇEKLEŞİRSE NE OLUR...

İstedim sanıp aslında istemiyor ya da korkuyorsun, bazen isteyip iptal ediyorsun, olsa da gelişecek sonuçlardan aslında korkuyorsun.

İşte bu noktalarda; elde edememe başlıyor. "Neden olmadı? Bundan olmadı. Ee her şeyi denedim, neden sonuç gecikti." Bilinç seviyesinde istedim sandın, bilinçaltında isteme yoktu. Olmadı. !

Bilinçaltın, dileğini almayı tehlikeli ya da zor bulursa konu gerçekleşmez. Dilek gerçek olursa, sonuçlarından korkarsa sistem çalışmaz. Bu dileği ve sonuçlarını çok fazla bulursa, sistemi askıya alır. Her dilek bir umut yatırımıdır, yatırımcı olan bilinçaltı, enerjini tam buraya uyumlanmış bulmazsa, dileği gerçek kılmak için çalışmaz. Bilinçaltı bu sefer; yaratımı engelleme üzerine yoğunlaşmaya başlar.

İnsan yoğun ve büyük bir enerjidir, her şeyi tezahür ettirebilir.

Bir engel varsa, bir korku beliriyorsa: bunlar sana neyi anlatmak için geldiler, bunu bul.

Bu engeli sen mi koydun...

Tam olarak korkun nedir... Özgürlük

Burada tam olarak neye inanıyorsun... Sadakat

İlk ne zaman blokajı fark ettin...

Hep tekrar eden negatif nedir... vazgeçilmesi

Burada neyi öğreniyorsun...

Bu durum aslında sana nasıl hizmet ediyor...

bunu çalış

Bu inancın da blokajın da aslında öğrettiğini, bir şekilde hizmet ettiğini kabul edince sen, konu hafifler ve açılmaya başlar... Bazen geçmişteki bir acının etkisi kalmaz, fakat acı geçse bile kökteki inanç olarak konunun etkileme süreci devam eder. Bu nedenle şifa ve dönüşüm, dileğe giden yolda ilerleme uzun vadeli arınma ile olur. Uzun vadeli olarak dileğine kapı açman için geçmişteki olumsuzluklardan neler öğrendiğini bulman gerek. Korku programları geçmiş kökenlidir, iptal et ve ilerle.

Mesela, "öfke" yüktür. Tekrar ettikçe, içselleştirdikçe kilo yapar. Bu yükü bilinçaltın bedeninde kilo sembolü ile göstermek ister. Konu burada diyet veya spor değildir, sen içte ve kökte seni öfkelendiren geçmiş anıları çeker atarsan, dönüştürüp sendeki etkisini iptal edersen bedenin zayıflar. Mesela, dileğin zayıf olmaksa, bu konuda da içine bak.

ASLINDA KORKTUĞUN FALAN YOK. KORKTUĞUN ŞEY KORKUNUN TA KENDİSİ; KORKU SENİ KANDIRIYOR.

Tam olarak nedir seni korkutan?

En büyük korkun nedir?

Korktuğun olursa, sonuç ne olur?

Olası en kötü senaryon ne?

Olursa, ne duruma düşersin?

Kötü son olunca yaşamın nasıl devam eder?

Korku sende ilk nerede başladı?

Dileklere açılan yolda, ilk önce tüm korkular serbest bırakılıp korku kotası dolmalıdır. Bilinçaltı artık korkacak bir şey bulamayınca, yol açılır. Korkunun yerine sevgiyi koy. Sevgi en yüksek titreşimdir. Sezgisel bir keşif olan korku temizliği, sana yolu açar. İnanç ve dilek oluşturmada ilk arınma etabı önemlidir. Altta yatan kök inancı bul, korkuyu sal, kotanı doldur aşamayı geç. Kontrol edilemeyen ve yayılan korku, yaşamı tümden etkiler... Korkuyu da tutan derin temel bir inanç vardır. Aslında korktuğunu sandığın şeyden korkmazsın, korkunun kendisinden korkarsın. O korku dediğinin altında başka ve keşfedilmemiş bir başka kod ya da inanç var, keşfet.

Uyku öncesi bilinçaltınla çalış. İlahi rehberlik iste. Sorular sor. Nelere odaklanman gerek, bunu bul. Kök inançlar için bilinçaltına komut ver. Olumsuz inanç yerine olumluyu yerleştir. Olumlu yüklemeler yap. İhtiyaç duyacağın ya da seveceğin yeni hisleri yükle.

Değişikliği onayla.

Bazen seanslarda, bilinçaltı ve anılar üzerinde çalışırken, danışan ağlar veya dirence başlar, agresifleşir ya da yapmamak ister. İşte bu an, tam da bir dönüşüm anıdır. O anı yani işe yaramaz kayıt, kendinden gitmek üzeredir, bunu hisseder ve o nedenle bu tepkiyi verir. Bilinçaltı değişime geçiş yaparken, bir an için hâlâ o eski kayıta bağlı kalmak ister.

Dönüşüm çalışman, arınman, dileğine geçiş yolun aslında senin ilahi olanla da bağlantıya geçmiş olmandır. Bu, kutsal bir seçim ve ilerleyiştir.

İNANÇLARININ GERÇEK ANLAMDA FARKINDA OL

Aşkın acı veren olduğuna inanan; aşkı çekemez, çekse de sabote eder, kaybeder.

Para gelince başka konularda kaybedeceğine inanan kişi, para aslında gelmesin ister. Para ona gelse de bir sebeple gider. Borç veya para harcanacak başka alanlar ortaya çıkar yaşamında.

Enerji ve dönüşüm üzerinde çalışırken, senin asıl projen sensin, bunu unutma. Sen, kendi üzerinde çalışıyorsun aslında. Sen değişmeden, başkalarını değiştirmeye çalışırsan projen ilerlemez. "Başkaları yüzünden böyle oldum." yalanından ve kandırmacasından da çıkmazsan, sonuç alamazsın. Üzerinde çalıştığın inanç çalışman; içsel bir yolculuktur. İnancın sende ilk nerede başladığını bul. Bu, senin inancın mı, başkasına mı ait...

/ *Olumlama:* /

Geçmiş seviyelere hakimim, geçmiş inançlarla çalışıyor ve onları kolayca şifalandırıyorum, her anı önemli ve yaşam dersi dolu, anılar üzerinde çalışarak onları ben dönüştürüyorum, yaptığım her şey fayda dolu, neyi neden yaptığımın farkındayım, kendimi ve derinliği anlıyorum, nedenleri biliyorum, kendi üzerimde mükemmelce çalışıyorum.

Kök inanca yaklaşırken: sinirlilik, yoğunluk, kaçış isteği, duygusallaşma başlar. Tam da bu noktada sakın enerjiyi ve bu akışı bırakma, tamamlayarak çık oradan. Kendine acıma, kendini değersizleştirme, derdin bir fırsat olduğunu unutma, başkalarına gelen fırsat ve sonuçlar bana da gelecektir şeklinde odaklan. Bir dilek için bir yola çıktığında, hayatının her alanında da daha çok iyilik olmalıdır. İyilik yap, iyiliği yay; iyilik yaptım bana da karşılığında iyilik gelsin diye bir pazarlık değil bu. İyilik içinde, iyi enerjide olmak ve kalmak…

Değişikliği bir zorluk ya da tehdit olarak görme.

Değişikliği tekamülün bir dostu olarak gör.

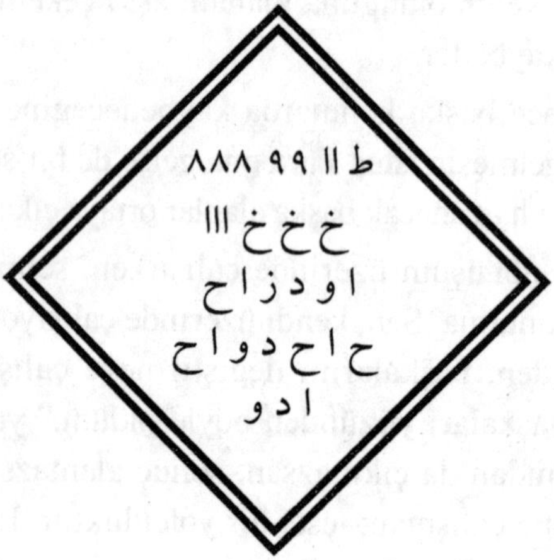

KISMET,

SENİ BİN KİLİT

VURULMUŞ

KAPILARIN

ARDINDA BİLE

BULUR.

KISMET / Tuğçe Işınsu

BİLİNÇALTI, NEGATİF HİÇBİR KODU %100 OLARAK KAYIT ALMAZ. DEĞİŞİM KAPISI HEP AÇIKTIR YANİ...

YARA BANDI RİTÜELİ

Geçmişte sana acı vermiş her bir anı, olay, söz ya da yaşanmışı tek tek not al ve bir ön hazırlık yap.

Gözlerini kapat. Her bir anı için tek tek çalışacağız...

İlk anıyı düşün ve o an'ı, acı ve korku kotasını da doldurmak adına kendine tekrar yaşat. Acıyı hatırla, detayları canlandır... Tam olarak an'a net olarak döndüğünde ve her şey tamam olduğunda; bu acıyı bedeninde bir noktada daha net hissedeceksin. Bir ısı, bir enerji, bir seğirme, bir ağrı ya da yoğunluk olacaktır.

Mesela; el titremesi, midede bir yoğunluk, bacakta bir seğirme gibi...

Vücudunda nerede bu yoğunluğu hissedersen oraya imgeleme yolu ile ışıktan oluşan bir yara bandı yapıştır. Sürekli olarak YA ŞAFİ YA EVVEL esmalarını sayısız olarak zikretmeye başla. Yoğunluk o noktada bitince dur.

Her bir anı için, işlem tek tek ve ayrı ayrı yap.

"Yaşanmış olan her şey aslında hayrımaydı, bana bir şekilde hizmet etti. Ben bu öğrenme için ilahi plana teşekkür ediyorum, yaşam dersimi aldım ve devam ediyorum. Şifalandım." dedikten sonra derin nefesler al ve ver. Konuyu sevgiyle kapat.

Bilinçaltı emir almayı sever.

Dönüşüme açıktır.

Komutu severek alır ve yürürlüğe koyar.

Bilinçaltı yeni komutu alınca, hızla değişime başlar.

OLUMLU SONUÇLAR İÇİN OLUMSUZ HİSLERDEN KURTUL

Her olumsuz inanç, olumluya çevrilebilir.

Her olumsuz inancın içinde gizli bir olumlu etki veya enerji de gizlidir.

Olumsuzu giren sen, olumluyu da kodlayıp girebilirsin.

Bilinç seviyesi yetmez, o yeni olumlunun nasıl bir his olduğunu da bilinçaltına tanıtmalısın...

Önce genel bir iyileşme süreci olacak; sonra bir gün konu dönüşecek. O süreçte bilinçaltı hep çalışıyor olacak...

Zaman içinde eski kayıt ve inanç serbest bırakılacak.

O eski kök inanç, yani olumsuz; sende aslında neye hizmet etmiş ve sen o eski koda aslında neden sığınmışsın... Bunları bul.

Komutların net ve kesin olması şart, yenilenirken...

Önce arınma, sonra yeni giriş olmalıdır.

Arınmadan yeni giriş olursa: eski kayıt sabote edecektir.

Kök inanca inmek için kendine sorular sormalısın, konuyu yarıda bırakmamalısın.

"Daha iyi bir gelecek ve tam bir şifa için, geçmişimi-bugünümü-geleceğimi tam ve en doğru biçimde dönüştürüp şifalandırıyorum... Atalardan geçen enerji mirasından hizmet edenleri tutup, artık bana hizmet etmeyenleri de kendi öz kaynağına bırakıyorum. Sadece bana ait olan enerjiler artık benimle." Olumlamasını da kullanabilirsin, sık tekrar edersen bilinçaltını harekete geçirir.

Her ama her şey değerli ve anlamlıdır, seni sen yapmıştır, bir amaç için gelmiştir.

Geçmişte birçok karma yemini ettin farkında olmadan, bunlar senin kaderin olmak zorunda değil.

Geçmişin bugüne nasıl yansıdığını net olarak fark edince; dönüşüm başlar.

olumlu
hisler

GELECEĞE GERİ DÖNMEK

Sen aslında başka ve daha olumlu bir gelecek programının içinde olacakken, olumsuz enerji geçişleri seni bugünkü programa soktu. Neden olduğunu tam anlamıyor, bazı inançların sana nereden geldiğini bulamıyorsan: atalardan kalmış olabilir...

Sen "aslında" olması gereken o saf, temiz, olumlu ilk başta senin için tasarlanmış ve olması gereken gelecek programına dönmek için buradasın.

Hayatının artık ihtiyaç duymadığı programlardan kurtulma cesaretin olsun.

Bir eski kök inancı, bu kadar süre içinde onun sana nasıl hizmet etmiş olduğunu da fark edebilirsen ancak onu hayatından uzaklaştırabilirsin! Aksi takdirde, bu tam bir gidiş olmaz...

İnanç nereden, kimden, hangi olaydan sana geçiş yaptı, keşfet.

Bilinçaltı senin için hep çalışıyor, seni kolluyor, senden komut bekliyor, bilgece işini yapıyor, sana yardım için hazır.

Gelişmen için, daha yüksek bir enerji ve titreşim için, daha yüksek yaşam formu olman için, derinliğe inmen lazım...

Manevi bir "yeni öz" olma yolundasın...

Tüm çalışma, dua, ritüel ve tılsımları yaptıkça, yeni bir spiritüel titreşimde olacaksın.

Kendini suçlamak ve sürekli eleştiri; blokajdır. Ne kendin için ne başkaları için bunu yapma...

Sezgisel olarak aslında her şeyi biliyorsun, "bulamıyorum, anlamıyorum" aldatmacasından uzak dur.

Her şeye yukarıdan ve dışarıdan bak, bu işini kolaylaştırır.

Sezgisel olarak herkesi, her şeyi ve kendini net olarak görebilirsin. Kalplerin özünü, gerçek niyetleri, geçen enerjileri görmenin yolu akıldan çok sezgiselliktir. Sezgi, içeriye bakmaktır. Sezgi, yukarı çıkıp en doruktan görmektir. Tamamen yükselerek bir dönüşüm elde etmek, sezgilerin güçlü olması ile mümkün. Bu yolda ilerlemek için de dua, bilinçaltı, ritüel ve tılsımlar araçlar ve rehberlerdir.

Gelecek ve yeni kök inanç yaratımında, bunların gerçekleşmiş olmasının nasıl sonuçlar ortaya koyacağını "bir his" ile bilinçaltına tanıtmalısın.

Bilinçaltın sürekli geleceğe doğru yolculukta...

Yaratım, geleceğe yansır. Bilinçaltın senin geleceğin için çalışır.

Ben değerliğim
Sevdiğim
değerli

DÜNYA, TAM DA ŞU AN'DA BİNLERCE MUCİZEVİ FIRSATI SANA SUNMAK İÇİN HAZIR. ALMAK İÇİN, ALACAĞIN ŞEYE ENERJİ OLARAK AİT OLMAN, KENDİ FREKANSINI, O ŞEY İLE EŞ YAPMAN KAFİ.

Dünya, senin onu görmek ve kabul etmek istediğin gibi. Aldatıcı insanlara inanırsan onlar seni bulur, kıtlıktan korkarsan hep az ile yetinirsin.

Önyargı veya kalıp bilgiler, korkudur. Bu korku dolu kayıtlar sana hizmet etmez.

Bilinçaltının temeline kazılı korkular, bugün sende tekrar eden sorunların sebebi.

Neye aitsen o gerçek oluyor, kendini frekans olarak yenile.

Burada anlattığım bilgiler ile kilidi açabilirsin.

Geçmiş seviyesinin derinine inince, olumsuz kalıpların başlangıç anları ortaya dökülecek.

Bir inancı bırakmanın püf noktası, sana hizmet edip etmediğini bulmakla olur.

Her şey birbirine etki eder, birbiri ile bağlantıdadır. Seçtiğin kişi, konu, detaylar sana nasıl etki ediyor, seni şekillendiriyor mu, bunu bul.

Geçmiş bugüne bağlı, gelecek şimdiye bağlı.

Öz benlik, geçmiş kodlar, atalardan gelen miras enerji, ruhsal seviyeler... Hepsi de birlikte hareket ediyor aslında, birbirine etki ediyor ve karışıyor.

İnanılmaz derecede akıllı bir güç olan bilinçaltı; yeni yaratımların için hazır.

Yaptığın şeyleri "yapma sebeplerini" gerçekten biliyor musun... Kendini aslında istemediğin şeyleri yaparken de buluyorsun, sebebi eski kayıtlar...

Bilinçaltı öğrenir, anlar, yürürlüğe koyar. Bu, iyi mi kötü, diye bir ayırma sistemi yoktur. Oraya tanıttığın her kod ve his gerçek olur. Yaşamının yüzde doksanı oradan yönetilir.

Sadece anlaman yetmez, komutlar da girmen, dönüşüme de start vermen gerekir. Komutları yeni programları, yüksek sesle girmek daha etkilidir.

Sen bunu bir rüya görüyormuş gibi de yapabilirsin, bu rüyayı gerçek olarak kabul eden bilinçaltı rüya içindekileri sana gerçek yaşamda sunmaya başlar.

Bilinçaltı kanalına bağlan ve enerjiyi başlat. Bir noktaya gelince, sezgi yolun ile artık çalışmayı yapmak da istemediğini, soruları sormak istemediğini fark edeceksin. Tam da orada, dönüşüm başlamış olacak.

GERÇEK ÖZ'DEN GELEN HİSLERİ KENDİNE YÜKLE, YENİ BİR SEN ORTAYA KOY.

Yeni his yüklendiğinde yeni bir farkındalık, yeni bir enerji yayılması olur.

Merkezlen, konuya odaklan, niyetlen.

Dönüşüm için başlangıç olarak derin nefesler al ve ver.

Enerjiyi ve sonucu almaya, ruhunu ve kendini aç.

Enerjiyi ayaklarının altından yukarıya doğru tüm vücuda yay. Tüm çakralarda enerjiyi birer kez merkezlendir, en son tepe çakrada tut. Oldu de. Niyetlen. Serbest bırak.

Şimdi kendine ve seninle ilgili her şeye en yukarıdan, her şeyin üzerine çıkarak bak. Şifaya izin ver. Kendinden tüm evrene bir enerji yansıt, gelecek her olumlu ve yeni hizmet edecek olanı da almaya hazır ol.

"Ben (ismini söyle) şimdi ve tüm zamanlara doğru, yaşamımda en üst seviyeye beni taşıyacak olanı almaya niyet ediyorum. Tam da bu an'da bu, gerçekleşiyor. Oldu, tamam." diyerek mühürle.

En üst varoluş seviyesine bir yolculuk başlıyor, senin adına.

Yaşamının her alanına bu yeni ve süper güç sızacak...

Enerji akışı seni saracak.

En öteye kadar,

Kendini ve her şeyi altın rengi bir ışık ile sarmala.

Tüm zamanlar ve tüm inanç seviyelerinde bir çalışmanın gerçekleştiğine inan.

Her yerine, her hücrene, DNA'na bu yeni sistemin geçiş yapmasına tam olarak onay vermiş oldun.

Artık bu yeni geçiş ile aranda kusursuz ve hep çalışacak bir bağ gelişti.

Mucize gelişmeleri takip et…

OLDU.

OLDU.

OLDU.

"BİR İNANÇ" BEDEN, ZİHİN, RUH TARAFINDAN ONAY GÖRÜP "GERÇEK" KABUL EDİLDİĞİNDE, SENİN HAYATINDA BİR PROGRAM OLARAK ÇALIŞMAYA BAŞLAR!

Temel prensip, eski programı kaldırıp yeniyi girmektir. İnançlar konusu düzelmeden, dilekler için de yolculuğa çıkılmaz.

İnancın değişmesi, yeni bir hayat getirecektir. Kişi buna hazır olmalıdır, rızası olmalıdır.

İnancın değişmesi, yeni bir enerji alanına da geçiştir.

Derin genetik anılar, eski kodlar, eski aile karması, bizden önceki yaşam kayıtları, derinde kalan ruhsal enerjiler ve kayıtlar, bu hayatta eskiden öğrenilmiş kodlar, sizin kaderiniz değildir ve kaderin dönüştürülmesi için aslında bunlar size çağrıda bulunmaktadır.

Kaderin mutlak olanı ve olmayanı vardır. İnsan, aciz bir varlık değildir; ALLAH, insanı KUR'AN'da da açıkça yazılıdır ki çok özel yarattı. Bu özel yaratıma karşılık insan, çaba ve uğraş ile ona emanet edilen bu yaşamda en iyisini oluşturmalıdır "değiştirilebilir kaderin" içinde.

Sık tekrar edilen kelimelerin yaşam üzerinde kesin olarak etkisi vardır.

Beyin dalgalarını tanı.

Psişik güçlerini ortaya koy.

Özgür irade gücün ile çok daha fazlasını başarabilirsin.

İmgeleme, hayal etme, canlandırma sık yapıldıkça mucize sonuçlar getirecektir.

Kapıları bilinçaltı seviyesinde açacaksın.

Kendine ilahi enerjiyi yükleyecek, artık sana ait olmayanı sevgiyle bırakacaksın.

Sezgisel yolla ilerleyip üst enerji kanalına çıkacaksın.

Bilinçaltı komutları aldıkça, ihtiyacın olan detayları bulup o kendi sana sunacak.

İnanç, hayattaki en büyük güçtür.

Enerjiyle her yenilik yaratılabilir, gücünü bil ve güçten korkma.

İçeride net başlayan değişim, kesin olarak dışa akar...

Saf ve ilahi olana kapını aç.

GELECEK, DÜŞÜNCE İLE OLUŞUR

Aşağıdaki olumlu inanç kalıplarının üzerine (sayfaya doğru) etkiyi artırmak ve yoğun kılmak adına 150 defa YA ALİM esmasını okuyup, kendi sesinle her birini 10'ar defa kaydedip 21 gece boyunca uyku öncesi dinle. Alfa frekansı etkisi ile, bu çalışmanın uyku öncesi yapılmış olması bilinçaltının buradaki cümlelerin özünü gerçek olarak kayıtlayıp bunların içindeki unsurları sana sunmasına sebep olacaktır. Dinleme bitince, gözler kapalı, beyaz bir ışığı üçüncü göz noktana indir ve bu noktadan içeri alıp tüm vücudunda gezdir ve şifaya izin ver. Bu bölümdeki her bir kelime ve etkisi özenle seçilmiştir. Çalışma harfiyen yapıldığında 3 ay gibi bir süre içinde, büyük etkileri görülebilir.

BEN İHTİYACIM OLAN GÜCE SAHİBİM.

HER AN BOLLUK, AŞK, ŞİFA, OLUMLU SONUÇLAR İÇİN FIRSATLAR ELDE EDİYORUM.

BAŞARILIYIM VE HEDEFLERİM VAR.

GEÇMİŞİ HEP EN DOĞRU ŞEKİLDE, KENDİ FAYDAM İÇİN KULLANIRIM.

GELECEĞİM İÇİN GEREKEN HER ŞEYE SAHİBİM, BEN GÜVENİ TÜM BENLİĞİMLE HİSSEDİYORUM.

HAYATIM İYİ İNSANLAR İLE DOLU.

BANA ŞANS GETİREN BİRÇOK ŞEYİ EN KOLAY BİÇİMDE ÇEKİYORUM.

HEP DOĞRU ENERJİLERLE İŞBİRLİĞİ İÇİNDEYİM.

İÇİMDE İYİLİK, DOĞRULUK, SEZGİ, SEVGİ VE İNANÇ VAR.

KISMETİM AÇIK.

KISMETİMDE OLAN HER ŞEYE EN KISA ZAMANDA KAVUŞURUM.

KENDİMİ SEVİYORUM, KABUL EDİYORUM, ONAYLIYORUM, BEĞENİYORUM.

ALLAH BENİ SEVİYOR, KORUYOR, BANA RIZKIMI VERİYOR.

RAHATIM.

ÖZGÜRÜM.

ALICI FREKANSTAYIM, YÜKSEK GÜÇLE İŞBİRLİĞİ İÇİNDEYİM.

HER DUAM DUYULUYOR.

SEVGİYİ SONSUZ OLARAK ALIYORUM.

BEN İSTEDİĞİM HER ŞEY İLE BİRİM VE BUNLARI ALMAYA LAYIĞIM.

HER YERDE BİR İYİLİK GÖRMEK: EN BÜYÜK ŞİFALANMADIR!

Artık dönüştüğünü nereden anlarsın biliyor musun: Artık senin için negatif diye bir şey kalmaz ve en kötünün içinde bile bir iyilik bulursun. O zaman tamamsın.

İyiyi bulmak, bir anlaşmadır kendinle ve hayatla... Bu, sende gerçek olunca, artık kötü olan da senden sıkılır, senden gider. Biri mi öldü, sabrı öğrendin; darbe mi aldın, gücü öğrendin; kıtlık mı yaşadın, azdan çok etmeyi buldun; terk mi edildin, ruh eşine sıra geldi... Kötü diye bir şey yok; her şey iyi, her şeyin içinde bir iyilik var. Bu frekansa ulaştığında hayatında her şey hızlanır, büyür ve dileğin olanlara da ulaşma etkin artar.

21 gün boyunca; her baktığın, yaşadığın, başına gelen ilk başta olumsuz gibi görünen olayın içinde "bir iyi bul", bir süre sonra kendinde net bir dönüşüm fark edeceksin ve bu sende kalıcı olacak. Bu durum seni yaratıcılık anlamında da ileriye taşır, kanallarını açar, yeniliği sunar, esenlik getirir, dirençlerini yok eder.

Hayat her an yeni fırsatlarla dolu, hayat yeni anlaşmalar yapman için senin kapında bekliyor. İçindeki saf sevgi ile yapacağın yeni çalışmalar ve anlaşmalar, seni yükseğe taşır. Nefret, yargı, eleştiri, içerleme blokaj getirir. Eski deneyimleri sevgi ile iptal et. Düşman falan yok, engel de yok aslında. O engeller ya da dirençleri, kişiler bile olsa SENİN DÜŞÜNCELERİN OLUŞTURDU VE SANA ÇEKTİ. İçin neyse dışın da o. Sen kimsen, sana o tip insanlar geldi. Sen korku dolu isen; o korktuğunu sana sunacak insan gelir elbette... Bilinçaltında korku ya da olumsuzluk sıfırlanınca; bu enerjiden kalan hiçbir şey sana gelemez. Direnç bitince, tüm olumlu yeni deneyimlere kapı açılır.

Hayat ile anlaş, yani uyumlu ol, akışa izin ver, birlikte ak. Mutlak güç zaten budur. Bir şeyi çok istediğinde, önce o şey ile aranda bir anlaşma yap. Bu anlaşma bir enerji yayar ve bilinçaltına da komut yollar. Bir işleyiş başlar. Ruhsal hafızana kayıt girdiğin bu yeni şeyi, mutlaka yaşayacağından emin ol. Peşin peşin olmuş say, teşekkür et.

! Yaşadığın her şeyde bir yaşam dersin ve elbette ki bir sorumluluğun da var. İçindekiler senden dışa yansır, oradan da sana geri gelir. İlerlemen için tüm olumsuzu bırakmış olman gerek, eski olumsuz yükler sen adım atarken seni geri çeker.

... çok şükür

- yaşam dersim:
- sorumluluğum

. hep iyiyi bul

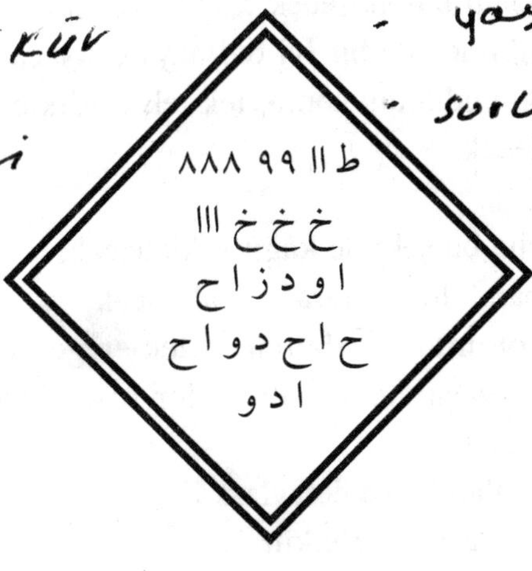

KÂĞIT ÇALIŞMASI

Beyaz bir kâğıdın bir yüzüne dertlerini sıralayıp yaz.

Diğer yüzüne de çözülmüş hallerini ve dileklerini yaz.

Dert yazılmış tarafa KEVSER SURESİ oku.

Olumlu tarafa da FETİH SURESİ oku.

Bu kâğıt, bir gece odanda ışık görmeyen bir yerde bekleyecek.

Ertesi sabah, olumsuz taraftaki her bir derde, soruna, olumsuza iyice odaklanıp tek tek kendi cümlelerini inceleyip, bunların sana neler kattığını bulacaksın.

Negatif pozitife dönüşecek...

Her kötünün içinde bir iyi bulmaya çalışacaksın.

Tek tek bulunduktan sonra, tek tek verdikleri hizmet için teşekkür edilecek.

***

1 gece daha bu şekilde kâğıt saklanacak.

Ertesi sabah, olumlu taraf ele alınacak.

Oradaki olumlu yazılanlar, dilekler gerçek olunca ne gibi sonuçlar yaşanacak, sen neler hissedeceksin, neler deneyimleyeceksin...

Hepsini canlandır ve detaylara in.

Olmuş say, baştan teşekkür et.

İmgeleme yap, canlandır...

***

Son gece odanda, kâğıt yastığının altında olarak uyu...

Ertesi sabah, kâğıdı olumsuzu iç, olumsuzu dış tarafa gelecek şekilde katla ve suya at.

Sevgiyle getireceklerini kabul et çalışmanın.

VE ÖYLE DE OLDU.

SENİN KISMETİN, SENDEN BAŞKASINA İSABET ETMEZ.

KISMET / Tuğçe Işınsu

GÖRDÜKLERİNLE DEĞİL, SEZGİNLE YÜRÜ...

Her şey, ALLAH'a dönerek mümkün.

Başka yerlerde sonuç aramak, tamamen güç ve zaman kaybı. Kişinin kendini bile reddetmesi...

Geçici her çöküş, gizli zaferler getirecek. Pes etme, ardını gör...

Düşüş, sen yeniden başla ve üret diye gelen bir çağrıdır.

Neler olduğu önemli değil, nasıl karşıladığın önemli... Çaresizliğe teslim olma, çareyi, gelen engelin içinde ara. O engel bir çağrı.

Hayatında değerini takdir etmediğin çok şey var, bunları takdir etmenle kendi iç enerjin büyür ve yeni kapılar açılır.

Eğer bir şeyi "yapmayacağını" söylersen, kendini onu yaparken bulursun. Bilinçaltı ile olumlu ifadeler kullanıp konuş. "Yemeyeceğim." dersen yersin. Bunun yerine "Tok hissediyorum." daha doğru bir telkindir. Bilinçaltına hep ve daima yapıcı komut ver.

Bilinçaltının çalışma şeklini görmek için en basiti, bir saat komutu ver. Komut verdiğin saatte, sen alarmı kurmadan bilge bilinçaltı seni uyandırır. Buna ikna olunca, bilinçaltı ile aranda bir sıcaklık ve anlaşma da oluşur, bu sayede yeni komutlar için sen de ikna olursun.

Koşullar tarafından yönetilmek zorunda değilsin.

Hiçbir şey dışsal koşullara bağlı değil, sen içte değişince dış dünyan zaten değişir.

Kendini zayıf veya güçsüz bulacaksın diye korkularından kaçma, korkular ile yüzleşip bırak ki kapın açılsın. Korkunun kaynağını bulunca, korku seni bırakır. Korku zaten sana ait bir enerji de değil.

Endişe çözüm değildir, endişe zaman kaybıdır. Endişe kaçıştır.

ALLAH'a güven, ALLAH senin için hep var ve yanında, O'na edilen bir dua bir yol açacaktır.

Ne yaşarsan yaşa; içinde iyiyi bul ve olumlu düşün.

Duayı, atacağın olumlu bir adım ile pekiştir.

Endişe, olumsuzu çağırmaktır, hayal gücünü yanlış tetiklemektir.

Neyin sana gelmesini istiyorsan, onu serbest bırak. Kovalarsan kaçar, kovalarsan zormuş gibi olur...

Bellek, duyguları da kaydeder, o nedenle his yüklemesi sende çalışacaktır, yeni sonuçlar verecektir.

Her şey şimdi'de, her şey sonsuz şimdi'de akıyor ve çalışıyor. Şu an'da sen de oluşturmaya başla.

BUGÜN BAŞLA. HİÇBİR ŞEY SANA KARŞI DEĞİL, BİLAKİS SENİN İÇİN VE SENİN YANINDA.

Birçok insan kendi yaşamı üzerindeki etki ve gücünü bilmiyor ya da bu büyük güçle yüzleşmekten bile korkuyor. Kimseye ya da hiçbir koşula bağlı, bağımlı değilsin. Değişim için bir yerlerden bir şeyler bekleme. Bu değişim seninle başlamazsa zaten gerçekten hiç olmamıştır, etki de etmeyecektir. Tüm hayat senin için, şu an dünyada binlerce fırsatı görüp yaşamına çeken binlerce insan var. Tam da şu anda bir şeyler başarıyorlar, sen de yapmalısın. Kendin için dilediğin, inandığın, iptal etmediğin ve üzerine anlam-enerji yüklediğin her şeyi yaşarsın.

Sana senden çok zarar veren yoktur, demek ki seni senden çok seven de olamaz. Hayat bir ayna, senden aldıklarını sana sunuyor. İnsan olarak, sınırsız bir güç ile işbirliği yapıp görkemli sonuçlara koşacakken kendini hâlâ sınırlı bir yerde tutamazsın.

Sende net ve kökten bir değişim olmadığı sürece, sorunlar düzelmez.

Değiştirilebilir kaderin tohumlarını yeniden atmak zorundasın. Buraya bu deneyim için geldin. Kadere inanmak ile kaderci olmak farklı. KUR'AN'da birçok yerde kişinin kendi çabasının önemi belirtiliyor, inancın varsa sana anlatılan bu telkine cevap vermen gerekir. Her zaman çıkış yolu var, çünkü yoktan bile var eden bir ALLAH var.

Şükran enerjisi içinde ol, frekansın değişime başlayacaktır. İçindeki bilge, her şeyi tedarik edecek kadar büyük. Hiç bitmeyen bir güçle işbirliğin var, her an yeni şanslar ile dolu. Her an ilham ve enerji dolu. Bir kere adım at, inancın seni destekleyecek. Kaynağa indiğinde, hayallerinden bile fazlası senin olur. Ruhsal olarak zenginleş, bu kolay ve bedavadır. Sonra gerisi gelecek…

Birilerini suçlarsan veya cezalandırırsan; sen güçsüz kalacaksın. Sen dersi alıp devam edeceksin, enerjini oralara kaptırma. Hayat sınırsız ve sonsuz farkındalıktır. Hayrına olanı için biliyor, yoldan ayrılma.

Olumlama:

Bilinçaltımdaki muazzam güce dayanarak, yeni ve daha iyi bir hayata adım atıyorum.

Ben en iyi olanı hak ediyorum.

KISMET, DUAYA ÂŞIKTIR. DUA GELİNCE, KISMET TÜM GÜCÜYLE SANA DOĞRU KOŞAR.

YENİ BİR HAYATA GİRİŞ

Formül:

İlk olarak geçmişi serbest bırak.

Geçmişin verdiği tüm dersleri al.

Direnç göstermeden her olmuşa teşekkür et.

Helallik al.

Karma borcu yarattıysan, bunları bulup dönüştür.

Bolca her gün ve her an teşekkür et ve şükür enerjisinde kal.

Her an ve her an bir mucize bekler frekansta kal.

Olumsuzu yakaladığın an'da hiç uzatmadan iptal et.

Seni değersiz hissettiren her şeyi bırak.

Sana ilham vermeyen her şeyden uzak dur.

Gereken her yerde "hayır" de, diyemezsen yeni blokajlar oluşur.

İçinden gelenler, ilk hissettiklerin hep doğru, yolu bu şekilde takip et.

Kendini programla ve formatla.

Dileklerine inanmayan insanları ikna etmeye çalışma.

Bilinçaltınla konuş ve ona komutlar ver.

Kendine inan, kendini tanı, kendini hep bir üst frekansa geçir.

Sana senden başkası yön veremez, olumsuz telkinin olduğu yerde durma.

Bitişten korkma; bu, yeniye yer açmandır.

İnan. Düşle.

Enerjini her an dua, ritüel, meditasyon, olumlamalar ile yenile.

Uyku öncesi hep olumlu telkin girişleri yap.

İşaretleri takip et.

HAYAT SANA KARŞI DEĞİL, ENERJİLER SENDEN YANA.

SEN kendine karşısın, sen senin önünden artık çekilmelisin ki yol açılsın. Denemeye ve başarmaya açıksan, her formül işe yarar. Bilinçaltı komutu alır almaz, bir değişim başlar. Kendini yöneten, dünyasını da yönetir. Başkaları için yaşayacak kadar uzun bir zaman dilimi değil hayat. Sen, kendinle ilgili düşündüğün her şeyi yaşarsın. Dış dünyandaki her sorun, gerçekte senin iç inanışın ile dönüştürülebilir. Her şey bir düşünme ve inanış ile başlar. Hayat ve yaşam hep yeniden başlar, zihne yerleştirilen yeni kavramlar deneyime dönüşür. Bilinçaltına kod olarak girdiğin her yeni konu "arzu ve tutku" ile birleşirse: gerçek olur.

Seçmediğin ve aslında artık işine yaramayanları bilinçaltından söküp atabilmelisin.

Bilinçaltı senden emir alıp gerçek yapmak için hazır beklerken, sen kendine acıyarak ya da iç gücünü küçümseyerek yoluna devam edemezsin. Hayat gerçekte, bilinçaltı zihni yeniden programlama ve yönetme üzerine kurulu. Hayal ettiklerinin de ötesine geçebilirsin, bir süper güce sahipsin. Bunu kullan...

Her şey düşünce ile, bir fikirle ilk etapta oluşur... Sen bütündensin, bütünün bir parçasısın. Dünya ve yaşam, tezahür etmiş düşüncelerden ibarettir. Zihin sonsuz ve sınırsızdır, sen de bu güce sahip olduğuna göre sınırlı kalmak zorunda değilsin. Sen evrensel zihinle bir olarak ilerleyebilirsin. Hayatın içinde, her deneyiminle sen de bütün olan bir dünya yaşamını aslında etkiliyor ve yönetiyorsun. Bütünden gelen, bütüne yine hizmet eder. Her küçük detay, evrene katılır ve hizmet eder. Bugün senin birey olarak yaydığın enerji, bütüne gidiyor ve bu evrene katılıyor. Sen bu kadar güce sahipken, elbette ki o abarttığın sorunlarını da aşacaksın.

Yeni olaylar istiyorsun, yenilikten kaçarak bunu yapamazsın. Yeniliğin başlaması için elbette bazı bitişler de olacaktır. ALLAH insana, özgür irade denilen eşsiz bir servet verdi. Bilinçaltı senin için yeniden oluşturmaya hazır; komut girdiği anda çark dönmeye başlıyor. Zihin hem üretir, hem de yönetim gücüne sahiptir. Dönüşüm ve değişimleri hep tetikte olarak takip et, fakında ol. Oldukça enerji genişleyecek. İhtiyaç duyduğun her şey sende mevcut, sen dertlere odaklandığın için bunları göremiyorsun.

Bilinçaltının sonsuz fırsatlarını kullanarak yeni bir yaşam inşa edebilirsin, sorumluluğu al ve başla. Yeni düşünce ve inanç sistemi inşa edip içine girmelisin, eskiyi söküp atmış da olman şart.

YENİ SEN

Olumsuzluk ile karşılaştığında, eski kayıt silindiyse artık olumsuzluktan etkilenmezsin. Bilinçaltın uyurken bile çalışır. Hayal edilen ve serbest akışa bırakılan her şey gerçek olur. Zekâ da bilinçaltına bağlıdır. Bilinçli olarak emir verirsin, bilinçaltı bunları işler ve gerçek yapmaya başlar. Düşünülen ve inanılan her şey, belleğin parçası olur. Hatırladığını fark etmediğin şeyler bile orada depolanır, o nedenle bilinçaltı denilen bu dev deponda aslında neler var neler yok bilmen gerek. Kendi tarzını geliştirmeli ve yaratıcı düşünmelisin. Seni eşsiz yetenek ve güçle yaratan ALLAH, senin seni bulmanı istiyor. Kendini bulan, zaten ALLAH'a da daha çok yaklaşacaktır.

BİLİNÇALTI, sen yeni emri girene kadar eski emir ile çalışmaya devam eder. Emir alınır ve tam olarak uygulanır. Verilen her komut ya da emir, kayıt açılıp dosya gibi işlenir. Geniş bir bellek anlayışı vardır... Gereksiz bilgi ve hatalı birçok inanışla eskiden beri ve aslında her gün sen, kendini hipnotize ediyorsun. Telkinlerle sürekli enerjini sen kendin aşağı çekiyorsun. Gereksiz sınırlama koyup, gerçek seni yok sayıyorsun. Onayladığın düşünceler tüm yaşamını yönetiyor; sık kullandığın kalıpları gözden geçir. Kendini yani yaşamını yönetme alanında, tüm sınırları bırak.

Kendi oluşturduğun kalıpları yaşayıp yaşamı, dış dünyayı suçlama. Eski birtakım kalıplar senin üzerinde etkiliyse, önce bunları yakala ve değiştir. Emirleri sadece sen verirsin, dış dünyanın telkinlerini almak zorunda değilsin. Başkasının fikri "sen kendi üzerinde onaylarsan" sende ancak geçerli olabilir... Enerji ve düşünce değişince: tüm eylemler, tüm sonuçlar da değişir. Düşünceyi sen seçersin, düşünce de sana yeni bir hayatı seçer.

Olumlamalar:

Hayatımı seçme hakkım var.

En iyi kararı en doğru şekilde veriyorum.

Düşüncelerimle oluşturuyorum.

Sadece ben kendi üzerimde etkiliyim.

Ben izin veririm ve olur.

Hayat düşündüklerimi ve inandıklarımı bana sunar.

İNANÇ, DENEYİMİ DEĞİŞTİRİR

ŞU AN her kimsen, ne kadar dipteysen, neler olduysa hiç fark etmez. Zirveye çıkabilirsin, hayal ettiğinin de ötesine geçebilirsin. Bunu ilk önce, içten bir temizlik ile yapacaksın. Kabul ettiğin her şeyin gerçekleşeceğini bilerek yaşamalısın. Bir inanç değiştiği anda, bu durum, eylemlere ve sonuçlara somut olarak yansır. Düşüncelerini sadece sen seçmelisin ve bu senin için yeni bir hayat ve dünya demek olacak.

Kendin için yeni iç yasalar oluşturmuş olacaksın ve bunları onaylayacaksın, bunları ele alan ve kayıt yapan bilinçaltı yeni bir seni net olarak ortaya koyacak. Ne için dua ediyorsan, neyi bekliyor ve neye gerçekten inanıyorsan: o senindir. Bilinçaltına koyulan her şey, er geç bizi bulur. "Hiçbir işim yolunda gitmiyor." inancından sıyrıl; nasıl düşünmüş ve inanmış olduğuna bak. Her zorluk için bir çıkış yolu kesin olarak vardır. Neye sahip çıkarsan, neyin sorumluluğunu alırsan: o senin olur. Her an aslında senin hayatının dönüm noktasıdır, geçmişi sil ve yeniden telkinlerle başla yoluna. Geleceğini seçebilirsin ve şekil verebilirsin. Tam da şu anda, bugününü ve yarınını sen oluşturuyorsun. Geçmiş için kimseyi, kendini suçlama. Yeni bir başlangıcı sen, sonuna kadar hak ediyorsun. Kendin için en iyi olanı deneyimlemek için buradasın. Kendi oluşturduğun o zorluklardan, yine sen kendin aşıp çıkacaksın. Bir olumsuzluk ortaya koymuş olabilirsin fakat bunu devam ettirmeye de mecbur değilsin. "Senin istediğini sandığı" şeyleri sana sunan bilinçaltı, yeni emirler vermen için kapı açık seni bekliyor. Kendin olmaya, hayallerindeki kişi olmaya hem onay ver, hem de buna cesaret et. Kendine dürüst ol, kendini kabullen ve şekil ver. Gerçek senin içinde, dışarıda neyi arasan ara: sadece vakit kaybıdır. İnandıkların ve gerçek sen, dışarıda bulunmaz. Senin en derininde bir merkezî komuta yerin var, oradan yönetilir sana dair her şey. Oraya sadece sen ulaşabilirsin, bunu başkalarından beklemen güç kaybıdır. Benliğini tanı ve kabule geç.

Gerçekte kim olduğunu idrak edersen, her istediğini yaparsın.

Sen kendi dünyanın merkezi ve kendi hayatının ilham kaynağısın.

İlahi planın, sen de bir parçasısın, senin kendinle ilgili önemli görevlerin var.

Bilmek içte başlar, dış dünyanda yansır.

Ne harika bir varlık olduğunu bil.

Niyet
Dua

KENDİNDEN KAÇMA

Ne kadar "yok" desen de, "hayır" desen de, ilk duyduğunda inanmasan da sorun bu. Kendinden kaçıp kendi gerçek sorunlarını analiz etmeden yeni bir gelecek bekleme.

Kendin olmaya, kendini bulmaya cesaret et. Senin üzerinde ve içinde, sana ait olmayan birçok etki, kod, inanış, enerji var. Bunları bulup yüzleşmek yerine, başka bir sen olarak devam edemezsin. Tüm bilgelik ve güce aitsin sen. Olmak istediğin kişi olmaktan korkma! Kim olursan ol değerlisin, olduğun halinle güzelsin. Daha iyisi olmak için buradasın ve bu kitabı buldun...

Sen, senin dünyanın merkezisin. Sen yapınca ve yaparsan olur her şey. Benliğini tanımak ve kabullenip yeniden bazı şeyleri başlatmak için bekleme. Başlangıç şimdi olmalı, gelecek zamanlı ifadeler bilinçaltı için bir tehdit. Konuyu sürekli geleceğe atıp, bilinmeyen bir zamana yollayıp olmaması için çaba sarf etmektir bu. Gerçekten kim olduğunu bulan, her şeye sahip olur. Kendini ve gücünü artık reddetme. Ruhsal boyutlara giriş ve gerçek seni ortaya koyma zamanın geldi. 2020'de dünya, yaşanan sıra dışı olaylarla yeni bir başlangıcın eşiğine geldi. 2021 ise yeniden başlama ve her birimiz için yeni bireyler olma zamanı. Yüzleşme, güç, fayda, sezgisellik, buluş, keşfetme zamanı geldi... Sen de bütünün önemli bir parçası olarak, bu dünyaya en iyi şekilde hizmet etmek için buradasın. Kendin için en iyiyi yapmalısın. Birçok birey, kendini aslında küçük görerek kendini suni bir biçimde koruma altına aldığını zanneder. Bu, gerçek büyümeden sadece kaçıştır.

Kendini ve yapabileceklerini küçümsemeyi bırak. Kıyaslama ise hiç yapma, herkesin yolu başka ve her kıyas seni geriye atar. Düşündüğün, bilincinde olduğun, kabul ettiğin her şey sana çekilir. Geçmiş seni bırakmak, yeni seni ortaya koymak artık hedefin. ALLAH seni seviyor, sen de seni sev. Korkuyu ve kaçışı değil, sevgiyi seç.

HAYATIN MUCİZESİ SENDE

HAYATIN tüm mucizesi senin tam içinde, seni bekler ve seninle yol alır. Güç ve mucizeler, arzu ve beklentiler bir bütünün içinde yer alır. Her an ve her an bir yaratım söz konusudur, sen de bu plana ve akışa kapılıp yol al.

Tüm akış planını aslında senin için ve özün bilir. Bilinçaltın sezgi dili ve sezgi yolu ile herkesle, her şeyle zaten bağ kurar. Sana karşı olarak gördüğün her şeyi sen oluşturdun, bu sorumluluğu alırsan önün açılır. Kendini reddetme; bu her şeyle ve ana güçle bağı koparmaktır. Sadece kendi vasıtan ile elde ettiklerin sende kalıp sana en mükemmel şekilde hizmete devam eder. Bilgelik, güç, sevgi sende; bunları yanına al ve yola çık dönüşümün için. Herkes aynı Kaynak'tan gelir, demek ki sen de her başarmış insan gibi yapabilirsin. Her birimiz kendimizi farkındalık açımızdan ve bilinçaltı depomuzdaki kayıtlara göre ifade ediyoruz, bu şekilde yaşıyoruz. Seni yaratmış olan ALLAH seni sınırsızca seviyor, bu sevgi gücü sana yeter. Koşulsuz sevgi ve buradan gelen güç seni sarıyor. Nefret, kin, kıyas, haset "korku bazlı" enerjilerdir, bunlar sende varsa aslında nerelerden, nelerden korktuğunu bul. Korku; sana ait olmayan ve sende durması gerekmeyen bir enerji, ALLAH'ı ve kendini seven korkudan zaten uzak olur. Korku, tek blokajdır. Korkmayan, istediğini alır. Sevgi, seni en imkansız sandığın yerden alır ve çıkarır en zirvelere... Olmak istediğin kişi olmak için yola koyulduğunda, hata yapmazsın. Saf ve net bir enerji ile yola çıkan kazanır. Sadece kendi vasıtanla iş gör. Sen, senin çıkış noktansın. Şekil alabilir ve değişebilirsin. Sen, arzularına ve inanmış olduklarına aitsin. İnandığın sana gelir ve sen onu alırsın. Bilinçaltı denen mıknatısı kullan; bir düşünce ile başlayan ve yola çıkan her şeyi çekebileceksin.

Mutlak karar varsa, başarısızlık imkansızdır.

Hata yapmış olmak, sonucu yitirmek demek değildir. Hata, sana yeniden başlaman için fısıldar aslında...

Hata, gelecek sefer daha iyiyi gör ve yap diye var.

Sonsuz güç kaynağı ile işbirliği halindesin, sen yapabilirsin.

İnanmış olduğun, süratle sana gelecektir.

İNANDIĞIN HER ŞEY OLACAK

Düşüncelerini iyi seç, kelimelerini de... Hepsi enerji yayıyor, senden çıkıp sana geliyor.

Düşüncelerin üzerinde yoğun bir kontrol ve etkiye sadece sen sahipsin.

Kendini denetleyip saf bir enerji ile kontrol edersen; başka bir yeni yaşam mümkün.

İrade gücün ile yapamayacağın şey yoktur, bu güce katıl.

Sadece gerçekleşmesini istediğin düşünceleri seç ve tut.

Düşüncelerini iyi koru, onlar değerli. Başkalarının etkisini onlara bulaştırma.

Eski düşünce kalıplarını sil, sen artık onlara ait değilsin.

Evrende her şey gerçekte sınırsızdır, sen de bu enerjinin bir parçası olduğuna göre sen de sınırsızsın.

Hayatının hakimiyeti sende olmalı.

Bir şeyi düşünmeye başladığında, bir etki ve enerji yayılmaya başlar.

Bilgece bilinçaltı gücünü kullanan kişi, olumsuzluk yaşamaz.

Düşünceyi başlatmak, üretime de geçmiş olmaktır.

Kendini, zihnini hep yenisi için aç: sonsuz ve sınırsız bir alma enerjisine geç.

Sezgisel olarak sen, aslında her şeyi biliyorsun ve anlıyorsun...

Bilgece seçimler, mükemmel sonuçları çağırır.

Hayırlı olanı seç, ilhama alan tanı yaşamında.

Düşünce, çok büyük bir güçtür ve evrensel bilinçaltına komut yollamaktır.

Her şey kesin olarak tezahür eder, senden çıkan seni bulur ve sadece sana gelir. Yani güç sensin.

Hedefe ulaştırmayanı anla ve hızlı bırak, takılı kalma.

Kendin için "olmuş halini dileğinin" sık sık imgele.

Planı değiştirebilirsin, hedefi değiştirme. Dileğin için yola çıktıysan, enerjisine güvenmediğin kişilerle konuyu paylaşma.

Hedefi net ortaya koy ve yola çık, şu anki şartlara ve detaylara aldırma.

İNANÇ, GÖRÜNMEYEN HER ŞEYİN MUHTEŞEM KANITIDIR...

Bir dilek için yola çıkarken; inanç senin en büyük dayanağın...

Hangi dilek için niyete gireceksen, onunla ilgili "vizyon, imaj, imgelemeni" arttırmalısın.

Kasveti bırak, hep mutlu sona programla kendini.

Şimdiden dileğin olmuş gibi mutlu ve umutlu kal.

Bir şeyin mümkün olduğunu onaylarsan, gerçekten olur.

Hedefi sınırlama, dileğine kapıyı sen açacaksın...

Çalışmadan inanmak, inanmamış olmaktır. İlk yola çıkış manevi olsa da, çalışma ve girişim ile yola devam edeceksin.

Gereken adımları da yapmak, inanca sahip çıkmaktır.

"Başkaları ne düşünüyor" tuzağına asla düşme.

İnanca göre davranmamak sadece "hayal kuran biri" olmaktır.

İnanmış olmak zaten artık harekete geçmektir; bir şeyler başlatmayı da amaç edinmektir.

İnanç berraksa, yol da kusursuz olacaktır.

Düşünceni kendine sakla, neden onu inanmayan birine de açıp enerjiyi böleceksin ki... Sen inandıysan, başka kimsenin daha inanması gerekmiyor.

Tamamlanmış olana odaklan, bitmiş haline odaklan. Hedefe giderkenki yolda çıkabilecek sorunlara değil...

Bitirilmiş bir iş gibi gör konuyu.

Hedefini yaz, dikkatle ele al, zihninde kabul et, hisset, tersini düşünüp konuyu iptal etme, adım ve hedefleri sapta.

Düşündüklerinin bütünüsün, düşündüklerin bu nedenle önemli.

Neyin eksik olduğuna çok odaklanırsan, yeni eksikler ortaya çıkar.

Fikir, kaynaktan gelir ve sana yeni kaynaklar da açar.

Ansızın gelecek işaretler, seni dileğine giden yolda hep bulacak.

Evrensel bilinçaltı, kolektif bilinçaltı, sen yola çıkınca seni destekler.

İçinde bir bilge yattığını unutma, sorun çıktığında bu bilge devreye girecektir.

SENDEN ÇIKAN HER ŞEY, SANA DOĞRU "BİR YERDE BİR GÜN" TEZAHÜR EDER...

Sezgi, en doğru yol arkadaşıdır. Sezgi, bağımsız ve özgürdür, hep gerçeği söyler ve kişiyi farkında olması için uyarır.

En iyi ilhamlar, büyük adımlar, dileğe giden yoldaki destek sezgiden geçer.

Sezgi bir çağrıdır ve yüce bir ilhamdır, sezgi dileğe giderken ego'yu ve korkuyu bırakıp inançlı olmaktır.

En ihtişamlı sonuçları alanlar, sezgisine en çok güvenmiş olanlardır.

En büyük sonuçlar, mucizeler, ansızın gelir. Mucize zaten budur...

Birden bire, hiç beklenmedik an'da sonuç almamızın sebebi; beklenti denilen blokaj yaratan etkiyi bırakınca biz, mucize de sızmak için bir açık alan bulmuş olur.

Güç arama orada burada, o güce sahipsin. Olur mu olmaz mı da deme, oldu bil. Zaten güç budur, güç inanmış olmaktır.

Sen, sonsuz kaynağın hem parçasısın hem de oradan gücü alansın. Bilinçaltın dileğin için gereken yolu açmak için zaten emrinde. Tüm yanıtlar için ruhunu, benliğini aç, almaya aç kendini. Tam olarak ihtiyacın olan her şeyin sana verileceğine inan, oldu bil.

Yaratıcı imgelemeyi sık sık kullan, imge ve görselleri bilinçaltın daha net kayıt altına alır.

İMGELEME her şeyden önde gider, yaratım ve oluşturma gücü çok yüksektir.

İmgeleme, dileği önceden yayınlamış olmak gibidir... İlerlemek için muhteşem bir yol olan imgeleme; gelişim ve yayılmaktır da.

Dikkatini nereye verirsen, o enerji alanı büyür. Senden çıkan bu enerji, tezahür eder ve sana da geri gelir. Yaydığın frekanssın sen yani...

İçin nasılsa dışın da öyle, bir dilek o nedenle dış dünyada aranmamalı.

Dua, dileği destekleyen en büyük güçtür; çünkü bu, büyük bir bağ ve bağlantı kurma şeklidir. En Yüce'den istendiği için de güç ve etki, dua edildiği anda netleşir.

Dua, en yüksek yere başvurudur. Derde yüz vermeyip şartlar ne olursa olsun inançlı olmaktır dua... Dilekler istenirken, herkesin her şeyin hayrına mı... Bu da kontrol edilmeli.

Dileğin hakkında ne kadarına inanıyorsan, o kadarı senin olur. Yüzünü sınırlara değil, sonsuza çevir. Sen büyük bir güç ile işbirliği yapmayı seçiyorsun.

Hayat da dilekler de hayalle oluşturulur. Hayal gücü, bilgiden üstündür, daha rahat akar ev daha çok için hizmet eder. Kesin bir umut ve inançla yola çık, duyguyu da kat.

İNSANLARDAN BEKLEME, SADECE ALLAH'A GÜVEN VE BIRAK

İnsanları sev ama bazı insanlar sana aynalık için gelip, sana sendeki korku, değersizlik, blokaj ve olumsuz kodları gösterebilir...

Sadece ALLAH ile muhatap olduğunda ise, sadece saf enerji, sevgi ve güç seninle olur.

Sadece iç dünyanda arın ve hazır ol, ALLAH'tan iste ve bırak.

ALLAH için her şeyi vermesi mümkünken ve O'nun kapısı sana hep açıkken, neden seni belki de çok anlamayacak insanlardan onay bekleyeceksin...

Her insan, ALLAH ile bağlantıdadır; bu, büyük bir huzur ve güven veren bir duygudur. Dileklere giden yolda da bu yola başvurulmalıdır.

Ruh, en gerçek zenginliğin duada saklı olduğunu bilir.

Duanın yanı sıra, zihni de eğitmenin yolu: kararlı kalmaktır. İnsana ALLAH tarafından seçim yapma yetisi verildi. Bu gücü insan kullanırsa, başarır. Fakat geçmiş deneyimleri insanı kurtarır ve insan seçim yapmaktan korkar. Her seçimi bir tehdit ya da çöküş, hata risk gibi görür. Karar verememe durumu, bilinçaltını da olumsuz yönetir. Kararsız olursan, bilinçaltın ilerlemek için gerekli komutu da alamaz.

Seni güçlendiren konularla meşgul ol.

KURTULMAK İSTEDİĞİN ŞEYİ TEKRAR TEKRAR DÜŞÜNME. YAŞAMAK İSTEDİĞİN SONU DÜŞÜN.

KARARLI VE BİLGECE bir enerji içinde ol. Kararlı bir şekilde hayatına, dileğine sahip çık. Doğru eylem için sakin ve güvenli adım at. Karar verdiysen sakın iptal etme. İçinden gelenlere karşı kendin dürüst ol. Hayatın, hep senin için ve seninle birlikte aktığını unutma. Kusursuz bir bilinçaltı planı içinde ol. Hiçbir şeyi geleceğe erteleme, şu anda ve şimdide ol hep ve daima. Düşün, inan ve güvenerek bekle. Kendi düşünce sistemin üzerinde tam bir hakimiyet kur. Mutlak Güç'e inan. Şu an kim olduğun önemsiz, kim olacağın önemli. Kim olmak için yola çıkıyorsan, inanç ve bilinçaltı gücü ile sen, o kişi olursun. Hayata verdiklerin, hayatın içinde seni bulacak. Sınır koyma, dilekler sınırsızlık suyunda akmalı...

HAYATI DEĞİŞTİRMEK

Hayatını gerçekten değiştirip dönüştüreceksen, buna düşünüş şeklinle başla. Dünya ve hayat da sendeki bu değişikliği görüp, sana başka şekillerde yanıtlar verecektir.

Hep şükredersen, şükredeceğin detaylar artar.

Her şey yolunda çünkü her şey olması gerektiği gibi. Aslında her şey olması gerekende, en iyi halinde çünkü o şekildeki hali şimdilik sana hizmet ediyor, sana yaşam dersi veriyor ve bazı şeyleri fark etmeni sağlıyor.

Sen asla dileklerine giden yolda yalnız değilsin: senin çok güçlü bir vekilin var: EL VEKİL YÜCE ALLAH...

Geçmişin, aynı zamanda da bugünün olması gerekmez. Geçmişi geleceğe taşıma.

İçinde barındırdığın düşünceleri gözden geçir.

Her şey içindeki bilge ve bilinçaltın tarafından tedarik edilecek.

Almaya aç kendini, içsel olarak hep güven enerjisinde kal.

İlham ve alıcı enerjiyi sen onaylayıp kabul edince, akış başlar.

Sonsuz bir kaynak ve akış var, bir kapı kapanıyorsa başka kapı açılacağı için...

Dileğine kavuşma anını, önce ruhunda başlat.

Ne olduğu o kadar da önemli değil, olana verdiğin tepki daha mühim. Olanı, geleni dinginlikle karşıladıkça sen: daha çabuk aşacaksın.

Saf ve temiz niyet ile yola çıktıysan; dileğin için hızlanman da o kadar kolay olur.

Her şey birdir ve birlikte çalışır, her şeyle bir olacağını bilmek sana güç vermeli.

Ters gidiyor gibi görünenden hızlıca bir yaşam dersi çıkarıp onu da bir değere dönüştürmek senin elinde.

Hayatla birlikte ak, hayat sana mucize sunmaya hazır.

Panik yapma, egoyu devreye sokma, aceleci olma, korku salgılama.

Olayı ve sonucu, detayları tüm ruhunla hisset.

İyiliği ve başkalarının da iyiliğini işin içine sok.

Hep bir çıkış yolu bulunabileceğini unutma.

ALLAH seni sevip kolluyor, bir engel bile çıksa geçici olduğunu bil.

HAYAT, SENİNLE İŞBİRLİĞİ İÇİNDE

Senden çıkan her enerji ve akışın seni tekrar bulup sana yansımak isteyeceğini unutma. Her yaptığın veya denediğin şey, bir zamanda bir mekânda aslında sana cevap verecek. Enerjiyi bırakma, her çalışma işe yarar... Kendinle ilgili tüm inanmış oldukların hayat yolunda beklentiyi de bıraktığın zaman seni bulur. Erişebileceğine kendini ve bilinçaltını ikna ettiğin her şey seni bulacak. Kabullenmiş olduklarını yaşayacaksın.

Çok az insan kaderi üzerinde oynadığı rolü kabul ediyor ya da farkında olabiliyor. ALLAH, ayetlerde açıkça "insan çabasının ve duanın önemini" vurguluyor, demek ki çaba ve uğraş ile değişen çok şey var. Kadercilik bir zayıflıktır, kendi kısmetine kendin yardım etmen ise senin gücündür. İnan ve kabule geç, güvenle bekle: olacak. Çekim yasası; her an ve her an senden ve senin enerjinden vazgeçmeden, senin için oluşturuyor.

Her düşünce seni bir sonuca götürür. Hayatını yeniden şekillendirmek için gereken güçler sana ALLAH tarafından doğuştan verildi. Her an zihinsel olarak oluşturduğun imajları bilinçaltın kaydediyor ve bunları sana geri sunmak için kolları sıvıyor. Eski işe yaramaz imajları silip depoyu boşalt; aynı eski sorunları tekrar yaşamında görmemek için. Neyi hayal ettiğine dikkat et; kendini denetim altında tut. Israrcı ol; bunlar süreklilik gerektiren uygulamalar. Zihninde korku ve endişeyi silecek "olumlu sonları" içeren yeni imgeler, vizyonlar, görseller yarat. Negatif bir durum oluşunca; bunu konuşma, buna odaklanma, bunun üzerinde zaman harcama. Hızlıca yerine yeniyi, olumluyu, istenen sonucu koy. Olumluyu yarattıkça, tüm hayat ve enerjiler bir araya gelip bunun için çalışmaya, bu yeni durumu desteklemeye başlar.

GÖRÜNEN VE GÖRÜNMEYEN BİRDİR, BİRLİKTE HAREKET EDER.

Olan ve olması istenen de öyle... Zihninde canlandır, onayla, kabul et, inan, deneyimle. Düşünce zaten bir enerjidir, enerji yayılır ve ilerler. İlerledikten sonra dışarıda bir form alır ve oluşur. Hiçbir şeyin aslında sana karşı olmadığını kabul et; her gerçekleşmiş olumsuzluk sandığın bile öğretici ve yeni kapı açacak destek enerjisinde.

TAM GÜÇ İLE ÇALIŞMAK

Bilinçaltı senin komut vermenle, istediğin, sende gizli yatan sırları da ortaya çıkarabilir. Uyku öncesi veya dingin anlarda, bilinçaltına sorular sor ve yeni komutlar ver. Sana cevap vermek veya yeni komuta yanıt vermek için harekete geçecektir. "Ben neden bunu yaşıyorum?" diye soruyu sorduğunda, bilinçaltı komutu aldığında seni gerekli ve ulaşman gereken kayıt ile buluşturacaktır. Hayatında olmuş her şey bir ana bellekte kayıtlı, buraya başvurarak neden ve sonuçları araştırabilirsin. Bilinçaltına hatırlatması için gereken emri ver. Burada konu; geçmişi silmek değil fakat etkiyi silmektir; artık o eski anı senin hakkında olumsuz yönde söz sahibi olmayacaktır.

Yüzleşme ve etkisiz hale getirme üzerine yapılan bu çalışma, seni özgürleştirir. Bundan sonra kim olmak, nasıl olmak istiyorsan bu yeni bilgi ve kodları tekrar oraya yerleştirmelisin. Bilinçaltına güven, o senin için çalışır, acabaları bırak. Yap ve konuyu serbest bırak, bir işleyiş ve akış başlayacaktır, sonu da gelecektir sana doğru... Kendini yönetebilmen, yeni bir yaşamı da senin için oluşturacaktır. Komutu ver ama arkasından sürekli kontrol etme! Sistem çalışmaya başlar, o senin yerini bilir, seni bulur ve bilgiyi aktarır. Sen; düşünmüş oldukların, söylemiş oldukların, kaydetmiş olduklarınsın. Seninle başladı ve evet; seninle dönüşecek. Bellekte zaten her ama her şey kayıtlı, bu, kesin bilgidir. Burada konu: hatırlama gücüdür. Bunu yapabildiğin anda, çark dönmeye başlar. Bilinçli zihin yoldan çekilip, bilinçaltına yolu açınca bilinçaltı tüm gücüyle sana hatırlaman gerekeni verir. Blok koymamalısın. Olaylar, detaylar ve sahneler gözünde canlanacaktır ve ilk gelen bilgi ve duygular hep doğrudur. Hatırlatması için bilinçaltına tam güven ile yaklaş; aklına şimdi gelmeyene takılma, bilinçaltı çalışıp bulup onu sana getirecek.

Endişe, sadece öğrenilmiş bir şeydir. Eski deneyimler, yeni bir şeye başlarken endişelenmen için seni ikna eder, hepsi bu. Endişe, tutunulacak bir şey değildir, bir güç değildir. Endişe seni korumaz da, çok yayılırsa seni ele geçirip her yere de blokaj koyar. Endişeyle arandaki bağı ve ilişkiyi ele almalı, değiştirmelisin. Endişe odaklandıkça ona: yüz bulur, daha çok kalır. Endişe bir yol değildir, çıkış da sağlamaz, üretmez, katkı getirmez, geriye iter, düşürür. Kendini endişe içinde yakaladığın anda, durumu iptal et.

HAYAL GÜCÜN, MUCİZELER İÇİN SENİ BEKLİYOR!

Olumlu düşünme, mükemmel eyleme geçiş içindir. Endişe duygusu ise, bazen endişe edilen sonuçtan bile daha yıkıcıdır. Endişe, olumsuz sonu çağırır, yeni blokajlar yaratır ve hasta bile etme gücü vardır. Endişe; aslında sanaldır, bir hiçtir, bizim iç gücümüzden de büyük değildir. Endişe ile tüm bağları kesmek gerekir. Dikkatini endişeye verme. Dikkatini hep olumluda tut. En derin arzularımız hayatlarımızda bizi bulur ve bunlar oluşur. Endişe bu durum ile terstir; olumsuz sonuçlar endişe kaynaklıdır. Bir dilek tutsan bile; endişe ettiğin an bunu iptal etmiş olursun kendin. Birçok kişi, endişeyi bir tedbir ya da geleceği kontrol etmek gibi düşünür. Bu hatalı bir inanıştır, endişe yok edicidir. Gelecekte endişeli olmamak için şimdiden kontrolcü olup endişe edip, bir sahte güvenli ortam yaratmak isteyenler yanılıyor. Sen güçsün, ALLAH seninle, milyonlarca insan nasıl yapıyorsa sen de öyle yaparsın, enerji ve hayat seni destekler, her yer şans ve fırsatlarla dolu. Endişe, tüm bu gerçeklerin karşısında değersiz ve anlamsız. ALLAH için hiçbir şey imkansız değil, o zaman endişe neden? Duanı edersin, bilinçaltınla çalışır başarırsın. Hayatındaki yanlış inanış ve kavramları düzelt, içindeki sonsuz ve sınırsız her şeyle işbirliği yapabilecek güce dayan sadece. ALLAH sana daima yol gösterir; korktuğun şey değil, korku ve endişenin kendisini yeneceksin. O zaman korktuğun şeyin, zaten küçücük olduğunu göreceksin. Cesaret bir kamçıdır, cesaretin olduğu yerde sonuç er ya da geç gelecektir. Zihninde özgürleş, hiçbir şey dış koşullara bağlı değildir. Her sorun kendi içinde bir çözüm gizler, korkmak yerine sorunun geliş nedenine, neyi öğretmek istediğine bakılmalı. Korku ve endişeye, gerçek olmayan ve geçici bir his muamelesi yap. Korkudan kaçarsan ve onunla yüzleşmezsen, dilek yolculuğunda sona ulaşamazsın. Sevgi ve cesaret, korkuyu yok eder.

Sözlerin kaderin olur, seçimlerin yarınların olur. Kaderini ALLAH'ın izin verdiği ve OL dediği kadarıyla elbette dönüştürebilirsin. Sözlerin oluşturucu güce sahip, geçmişi bırakıp dilekler için yeni bir gelecek yolculuğuna çıkmaya hazır ol. Geleceğin pusulası sensin.

Bu kitaptaki tüm uygulama ve formüller, hayatında mucize sonuçlara yol açsın. İnan ve yaşa.

endişe - yıkıcı

HER KALP, KENDİ KISMETİNİ YAŞAR

Bu kitaptakileri yaşamana yine ALLAH karar verecek, ne güzel değil mi... Her güzel sona sadece O'nun karar vermesi, güven veren bir his. Niyetlerin her an sözcükler ile dilinden dökülüp, anbean kısmetini yaratıyor, kısmet yolculuğunda sen de enerjinle oluşturuyorsun. Aldığını aktar, aktardıkların yaşamdan sana geri yansıyacak. Neyi yaşamında görmek istiyorsan bunu veren de ilk sen ol. Niyetlerle buluşmak için, kısmetini açman gerek, bu kitap sana bunu sunuyor. Bu kitabı okuyan, uygulayan, bu kitabın enerjisini taşıyan herkes bir gün bir yerde mucizeleri hem yaşayan hem dağıtan olsun İNŞAALLAH.

Niyet eden, bir yolculuğa çıkmış olur. Her dilek için önce bir niyet enerjisine geçilir. Gücünü yaşanmışlıklarından alacaksın, dualarla mühürlediğin yolda inanç ile koşacaksın, fark edeceksin, derinleşip daha çok alacaksın, sonucu tüm muhteşemliği ile seyredeceksin... Tüm bunlar, evet, bu kitapla olacak çünkü bu eşi benzeri olmayan çok özel ve sıra dışı içerikte sana ve yaşamına geldi. Duanın ve bilinçaltının gücünü bu kitapta anlatılanlarla doğru kullanırsan, burada verilen duaları eder, eşsiz tılsımları da yaşamına sokarsan bir mucize beklemenden daha normali olamaz ALLAH'ın izni ile... Kalbin seninle konuşacak bu kitabı uygularken, sezgilerin artacak, auran farklı olacak, tüm titreşimin değişecek, aynı sen olarak kalmadığını göreceksin. Bu kitapla başlayacak gizemli yolculuğun, bir ömür etkileri ile devam edecek. Niyetlerini net olarak ortaya koy, her çalışmayı yaparken sonucu mühürlemiş olduğuna inan. Özüne in, enerjilere dayan, verenin MUTLAK GÜÇ olduğunu unutma. Dua, senin dileğine yapacağın bir çağrın olacak. Niyete girmen; tasarlayıp adım atman demek olacak, dilek dilemen ise maneviyata müracaatındır.

SENİ ZORLAYAN HER ŞEY, YOLUN SONUNDA SANA BİR MUCİZENİ VE KISMETİNİ SUNACAK.

KISMET / Tuğçe Işınsu

HAYIRLISI...
ALLAH'TAN "EN HAYIRLISI"NI İSTEMEK, GERÇEK TESLİMİYET VE YÜKSELİŞTİR.

Hayattan neler çağırıyorsun, neleri iptal ediyorsun, nelerin üzerinde duruyorsun farkında ol. Geleceği tasarlamak için çantana niyetlerini ve dileklerini attın, şimdi derin bir yolculuğa çıkıyoruz. Her niyet ettikten sonra, her duadan sonra, oluşsun diye AMİN de; bu, emin olmaktır, dayandığım gücü ben biliyorum demektir. Çok etkili bir kelime olan AMİN, oldu bilmektir, öyle olsun demektir, mühürlemektir. Niyetini net ortaya koyduktan sonra dilek yolculuğuna başla. Niyet; içinde olduğun negatifi ya da az olanı bırakıp, yüksek enerjide bir yolculuğa çıkıştır. Hayal etmek, hayal olarak da kalmayacağını bilmektir niyet... Niyet, kararı vermiş olmaktır. Niyet, bir seçime artık ait olmaktır, bir geçiş yapmaktır. Niyet, saf ve samimi bir kalp ile olur, değişime direnmeden olur. Niyet umuttur, eylemle uzaktan ilk bağlantıyı kurmuş olmaktır. Niyet, dilek için ilerlemeyi kabule geçmektir.

Sen bu yolda kendi sezgi yolunu çizeceksin, kendi kalbinden gelen ses ile devam edeceksin. Başkasının inancı, komutu, eski kayıtlar artık senin üzerinde etkili olmayacak. Yardım da sığınma da güç de ALLAH'tan gelecek. İhtiyacın olan dualar bu kitapta seninle buluştu. En kadim tılsımlar da sana tüm gizemli güçleri ile destek verecek. Dua ile geçilen teslimiyet, gücün ta kendisidir; ALLAH'la olmak ve ALLAH'tan zerre taşıyan insan olarak kendi değerini hatırlayıp, dileğini gerçek yapmaya yol açmaktır.

Yanlış dua: "ALLAH'ım sen beni bu yolda mahcup etme". Buradaki "etme" olumsuz kalıbı negatif enerji yayıyor, "mahcup" kelimesi ise ya yapamazsam durumunu hatırlatıyor.

Doğru dua: "ALLAH'ım niyet edip, dileğim için çıktığım bu yolda yanımda ol, gücümü ortaya koymam için bana gerekenleri ver, amin."

Kalpten istediysen, her şey temiz ve netse, herkesin hayrınaysa sana verilir. ALLAH vermek ister, o nedenle o istemeyi bile O senin kalbine yerleştirir. Hırs ve zaman hesabı yaparak ne dua edilir ve ne de dileklerin peşinde olunur. Dingin ve tevekkül içinde olup, işi 'Sahib'ine bırak.

ESKİ KARMA BORÇLARI, BEDDUALAR, KUL HAKLARI

Bu yukarıda belirttiklerimiz sana, dileklerin için çıktığın yolda blokaj koymamalı; arınmalı, tamamen saf ve berrak bir enerjiye geçmeli o şekilde niyet edip giriş yapmalısın.

İlk önce:

21 kere İstiğfar edip, 21 Salavat çek.

TEVBE SURESİ'ni oku. Ardından "ALLAH'ım sana inandım, sana güvendim, bu çıktığım yolda bana güç ve destek ol. Geçmişten gelen artık bana yük olan tüm eski, negatif, bana engel teşkil eden enerji yüklerini şimdi ve tüm zamanlara doğru bıraktım. Niyetim, dileğim için kapıları açmamda bana yardım et, amin." şeklinde duanı et.

KEHF, MAUN, KUREYŞ, KEVSER, TAHA SURELERİNİ oku.

21 kere Besmele çek ve niyete gir.

Beddua asla etme, her konuyu ve yaşanmış, yapılmış negatifi ALLAH'a bırak. Ayette de buyuruyor ki, iyilik de kötülük de O'ndan geliyor, bir yaşam dersi için bizleri buluyor. Beddua, niyetlerinde sana blokaj oluşturacağı gibi, o insanla aranda hâlâ negatif bir enerji geçişi olmasına da izin verir. Başkası için kötülük istemek, kendin için kötülük istemendir. Teslim olmak ve bağ kesmek, saf enerjidir. Kalp kapının açılması için olumsuzdan uzak ol. Eski girmiş olduğun kul hakları için, aileden veya başka zamanlarda sana geçiş yapmış karma borçları için: HUCURAT VE TEKASÜR SURELERİNİ 7 DEFA OKU, 80 Salavat getir ve TALAK SURESİ'nin 3. AYETİNİ 40 defa oku. Gerçekten tövbe eden, ALLAH isterse, kul hakkı, karma borcu günahlarını işlememiş gibi olur.

Benzer benzeri çeker. Dileğinin frekansı ile bir ve eş olursan, o sana gelir.

Sabır, sadece beklemek değil; iyi sondan emin olarak dayanmaktır.

İlahi sistemi bilen ve buna dayanan, umutsuz olamaz.

Dilekler için kolaya kaçmadan arınma ile başlanmalı…

Her şey sana etki eder, sen de her şeye aslında etki edecek güçtesin.

40
HER SÖZ DUAYA DÖNÜŞEBİLİR, SENDEN ÇIKAN ENERJİNİN FARKINDA OL.

Senin için en önemli kişi sensin, tüm diğer insanlarla olan ilişkilerin de senin kendinle olan asıl ilişkine hizmet eder. Kendine ve başkalarına tekrar ettiğin olumsuz sözler seni tıkar. Dua, özel bir anda edilir belki ama her söylenen, tekrar edilen söz de dua gibidir, etkisi vardır...

"Ben yapamam, ALLAH bana vermez, sen görürsün, bak sana neler yaparım, sana gününü gösteririm, bensiz kal, senden nefret ediyorum" gibi kelimelerin ağzından çıkması negatif bir yankı yaratıp seni blokajın içine alır. İstediklerini dillendir, istemediklerini değil. Kalpten konuş, samimi sözler seç. Sürekli tekrar ettiğin sözler, seni buluyor. Yoğun ve çok uzun saatler dua ettiysen ya da esma okuduysan, bitince yaptıklarına, gittiğin yerlere, buluştuğun kişilere dikkat et. Kazayı, belayı, derdi, tasayı dile getirme, tekrar oluşturma.

Bir dilek dilediğinde, hayat ve bilinçaltın sana öneri ve tasarılarla gelir çünkü sen bir enerjiyi başlatmış olursun. Dilek, rica ve müracaat etmektir. Dilekler anlam ve enerji taşır. Bir dilek tutunca bunun anlam ve enerjisi aslında tüm yaşama yayılır. İmkansız gibi gördüğün şeye mucize dersin fakat Yüce ALLAH'ın mucizeleri sonsuz ve sınırsızdır, dua da bir mucizedir, mucizeler için vardır. Dilek yolunda duan tam olsun.

İstek ve arzu ile perçinlenen dilek, inanç ile tam bir ateş bulur. İstemekte ısrar, duada ısrar seni destekler. Yarım bırakma, iptal etme. Dilek dileyip serbest bırakmalı, oluru olmazı çok deşmemelisin. Çok hesap plan yapmaya da gerek yok, hem manevi güçler hem de bilinçaltı zaten sana yollar bulup sunacak.

Kendini mutlaka dilediğin şeye ait gör, göremezsen enerji akmaz. Bazen “isterim de olmaz” gibi duruşlar sergiliyorsan, hâlâ geçmiş olumsuz deneyimler, üzerinde etkili demektir. Arınarak, geride bırakarak başla. Kendi içinde, kendine dileğini sık sık dile getir. Olmuş gibi yaşa, olsa neler olurdu, nerelerde olurdun, neler yapardın bunları bul ve imgele. Enerjisine inanmadığın kişilerle detayları paylaşmak zorunda değilsin. Yenilikten korkan, dileğine kavuşamaz. Dilek, bir yeniliktir çünkü.

İSTEMEYİ BİLİRSEN, DOĞRU ŞİFREYİ GİRERSEN: HER DİLEK SENİ BULUR. Geçmişte kalarak, öfkeyle, kendine acıyarak, suçluluk duygusu ile dilek dilenmez. Canlı, dinç, yumuşak, naif enerjiler içinde saflıkla dilek dilenir.

DİLEK, YENİ BİR GELECEKTİR.

Geçmişte kalan biri, geleceğe yönelemez. Gelecek korkusu, dilekleri bloke eder. Geçmişten özgürleşmen gerek... Geçmiş değişmez, enerji olarak bırakılmalı ama...

Niyet tamamlanmaktır, yola bu şekilde çıkınca elbette yaşamında değişim ve dönüşüm başlayacaktır. Senin tüm gelecek konuların, dileklerine dair detaylar şimdi, şu an'da onaylanır. Şimdinin gücüne inan, zaten şimdi değil de başka bir zamanda yaparım tutumundaysan sorun var demektir. Yaşadığın şu anın hakkını vermek için, bu an'ı bir dilek ile taçlandır. İste, çünkü verecek olan için vermek en kolayı...

Sürekli gelecekte yaşamak da bir korkudur, kontrol etme isteğidir. Gelecek korkusu da bir blokajdır, teslimiyeti bilmemektir. Ne istediğini bil, doğru ifade et, niyete gir, yoldan dönme, duanı tam tut. Bu şekilde olacaktır. Ruh aslında, en derine bakıldığı zaman olacağı olmayacağı bilir de... Çok üzerinde durduğumuz dileklerimizin aslında gerçek olacağını sezgi ve ruh yolu ile biliriz, o nedenle bekler ve enerji kullanmaya bu yolda devam ederiz. Tekrar ettiklerin, hayatında tekrar olur. Söz ve düşüncede neleri tekrar ettiysen, bunların yeniden olacağını da bil. Başkaları için veya başkaları hakkında yaptığın yorumlar da senin enerjini etkiler. İzlediklerin, seyrettiklerin, zaman harcadıkların yaşamın hakkında söz sahibidir. Kendi kendine konuşmaların, iç sesin, beden dilin, okudukların, diziler, şarkılar, takip ettiklerin senin hayatına ve enerjine dahil olur. Nelerle zaman geçirdiğine dikkat et; bu eklediğin enerjiler bile dilekler için gittiğin yolda önemlidir.

Şikayet ve eleştiri, karma borcu ve blokajdır. Negatifi büyütür, zamanı gelince o konuştuğun tarzdaki bir olayı sana çeker. Bu gibi hallerini bulup iptal etmelisin. Korku titreşimi ile söylenen her şey, korku hızlı ilerlediği için gerçek olabilir. Korku içerikli ifadelerden uzak dur. Emir kipi ile bilinçaltınla konuş "bana bunu göster, bu kişiyi bana bul, bunu yap, bana hatırlat" gibi. Bilinçaltına emir verir veya soru sorarsan; iş yürürlüğe girmiş olur. Sorulan sorunun cevabını sana göstermek için kolları sıvar.

ALLAH BİR

ŞEYİ SENDEN

ALDIYSA,

ŞİMDİ SANA

KISMETİNDE

OLANI VERMEYİ

İSTİYORDUR.

KISMET / Tuğçe Işınsu

ŞÜKRET, DAHA ÇOK VE DAHA ÇOK...

Şükür, olanı büyütmektir. Şikayet eden, şikayet ettiği konu ile yeni imtihanlar yaratır.

Yaydığın titreşim, senin bugünkü halini belirler.

Nasıl değişecek konusunu boş ver, sistem değişim üzerine kurulu. Hep değişti, yine değişecek...

Kendini birilerine benzetme, birileri ile mukayese de etme. Bu, güç kaybıdır, insanlar üzerinden güç kaybettikçe bloke olup dileğinden de uzaklaşırsın.

İstiyormuş gibi mi yapıyorsun, gerçekten en derinde istiyor musun... Yüzleş.

Bu dileğin sana mı ait, başkasına mı... Zorla mı aklına sokuldu, bu gerçek sen misin...

Dilekler ve dilek sonunda olacaklar yeni bir yaşamdır ve yaşam derslerimize bile etki eder.

Bir yenilik, yeni bir döneme de geçiştir, buna hazır olduğunu onayla.

Kendi içsel potansiyelini tam olarak bil.

Bir dilek olunca tam olarak mutlu hissedemiyorsan, o zaman bu dilek sadece bir yaşam dersi için geldi ve sen aslında bu dileğe ait değildin demektir.

Bırakmak güç almaktır, bazı dilekler için bazı bırakmalar da gerekebilir.

Geleceğin için hareket etmeye hazır ol, yeniliği kabul et, emin ve cesur kal.

Kendiliğinden gelen anlamlıdır ve gerçektir. Dilek dile ama olacağı zorlama, her şeyin bir akışı, bir planı, ilahi bir yanı var. Gerekeni yap, kendi gelmesi için bekle...

Dilek yolculuğuna çıkınca işaretler artar, bunları oku. İç sesini dinle. Sisteme güven.

Dileklerinin olması için, dileklerinin önünden çekil.

Dileklerinin hiç kimse tarafından onaylanması gerekmiyor.

Sadece kendi inancına ve kendin olarak kalmaya daha çok ihtiyacın var.

Yüzleşerek yol al; hâlâ olmayacağını mı düşünüyorsun, korktuğun bir sonuç mu var, insanlar mı sana etki ediyor. Bunları bırak. Merkezlen ve odaklan.

Dilek için yol alırken, enerjin de dönüşecek.

Geçmiş, artık onun hakkında pişman olacak kadar değerli değil, dileğine odaklanman ise paha biçilmez.

BİTİRMEK, BAŞLATMAKTIR.

Dilek; bir yeniliğe çağrıdır, başlatmaktır. Bir yeniliğe yer açmış olman için; geçmişten ayıklama yapıp yer de açman şart.

İlerlemek yenilenmektir, taze tut inançlarını. Kabule geç.

Arın, bırak, helallik al, güven ve inanç enerjisinde kal.

An değerli, geçmişin paslı kapısı kapanıyor ki yeni bir altın kapı açılsın...

Kararsız olma, arafta kalma, net ol ki akış da netleşsin.

Sevgiyle ilerle, karar ver ve yola çık. Hedefinden şaşma. Sana inanan insanlarla zaman geçir. İrade gücünü küçümseme.

Ego ve hırstan, nefis ve bağımlılıktan uzak ol.

Taviz veren olma; bu, güç kaybıdır.

Çekim yasası her an büyük bir güç ve hızla çalışıyor, neleri hayatına çekeceksen tam da onlara bakmalısın.

Sahip olmak bile korkudur, her olanı ve geleni "deneyim" olarak gör.

Olduğun gibi mükemmelsin ve her şey tam da olması gerektiği gibi...

Sevgi enerjisi yay ve susarak kalbini dinle.

Tüm hallerden özgürleşerek ve bağımsız kalarak dile.

Yargılama, yargılanmana da izin verme, geleni al, geleni yansıt.

Her şeyle işbirliği içinde olabileceğini unutma, her enerjiye sen şimdi eşit mesafedesin.

İçine güven, sevgi, huzur kattığın her şey daha rahat akacak ve büyüyecek.

Yarım bırakma, yarım kalan her şey bir yaşam dersi için gün gelip kapını çalar.

Geçmiş kaybedişlerin sadece yaşam dersiydi.

Sorumluluğu al, ihtiyacın olmayan ve aşırılık içeren her şeyden uzak dur.

Dileğin senin için tam olarak neyi ifade ediyor, sendeki karşılığı ve taşıdığı semboller neler…

Yaşamın içinde yoğun emek ver, her çalışma kutsaldır.

Çaba yerine kolaya kaçma, bildiğim iyidir deyip geleceği engelleme, çaresiz olma.

İfade, söz ve telkinlerinle birçok şeyi yaşamına sen çağırıyorsun, farkında ol.

ANNE KARNI

Sen doğmadan önce de bu dünyadan etkiler aldın. Annenin sana hamile olduğu zamanki ailenizde olanlar, çöküşler, kavgalar, mutsuzluklar, para akışı, zorluklar, başarılar, sevinçler senin üzerinde tam olarak etkili.

Anne karnında; çevrende, ailende, ülkende, dünyada, evrende olup biten her şeyi sen saf bir ruh olarak hep bildin ve anladın.

Anne ve baba ile ilk bağ ve deneyimler, anne karnında başladı. İlişki seçimlerin, sevgi hakkındaki fikirlerin, aşka bakışın, duygusal detayların veya sorunların ilk orada oluştu.

Temiz ve saf bir ruh olarak sen anne karnında beklerken, izledin ve anladın. Fark ettiklerini ruhsal hafızaya koydun.

İnsan, ölümlü ve geçicidir. Doğum öncesi ve doğum anı da, hayatın geri kalanı üzerinde büyük oranda söz sahibidir. İnsan, ölmeden önce geleceğe bir manevi miras bırakır, o nedenle çocuklar doğar. Doğum anında birçok bilinen, bilinmeyen enerji geçişleri olur, bunlardan herkes nasibini alır.

Doğarken, ruh ondan önceki kayıtlardan da alır. Ortak bilgi havuzundan, kolektif bilinçaltından anıları, olayları, konuları, bilgileri, eski yaşanmışlıkları da alırız. Bunları kader sanmak hatalıdır, bunlar bulunup dönüştürülmesi gerekenlerdir. Yani negatif olanları...

Sen anne karnındayken, senin hakkında yapılmış yorumlar ve konuşmalar da senin bugününü etkiliyor olabilir.

Sen anne karnında bir bağımsız ruh olarak bazı eski karma yeminleri etmiş olabileceğin gibi, ailende o zamanlarda edilmiş, sana sirayet eden, geçersiz olması gereken olumsuz karma yeminleri de, bugünkü blokajlarının açıklaması olabilir.

Doğduktan sonra herkesle, her şeyle kurduğun ilişkilerin bir kısmı anne karnı zamanına ait.

Senin ailende, sana aktarılan her şey senin için iyi olmayabilir.

Sadece aileye göre veya aileye bağımlı yaşamak, senin için durdurucu ya da mutsuzluk verici ise bununla yüzleş.

Aile karması, senin kaderin değildir. Sana yansır fakat dönüştürülebilir.

Anne kanındaki sana geri dönüp, bulduklarını incele ve dönüştür. Eski kayıtlar sende mevcut. Bilinçaltı ve ruhsal hafıza, bilgelik içeren sınırsız bellek her şeyi bilir.

CÜZDAN VE PARA ÇALIŞMASI

Cüzdanlar çok önemli enerji alanlarıdır ve para ile ilişkimizi kesin olarak yönetir. Cüzdana yüklenen anlam, nereden alındığı, eskiliği, rengi, içindekiler enerji anlamında etki taşır. Cüzdanın içinde eskiye ait ve artık hizmet etmeyen şeyler taşınmamalı. Korku ya da umutsuzluk sembolü olan şeyler tutulmamalı. Cüzdan; para enerjisi taşır, para titreşimi yayar. Parayı çeken ve parayı seven enerji ile dolmalı. Çok fazla resim, fatura, kullanılmayan detay biriktirilmemeli. Zamanı geçmiş kâğıt ya da notlar, bize katkısı olmayacak kişilere dair kartlar içinde durmamalı. Kullanmadığınız şeyleri cüzdana doldurmak, para akışını bloke eder. Resim ve para yan yana gelince: o kişi ile arandaki para ilişkisi hakkında bazı gelişmeler söz konusu olur. Başarı için olumlalar yazıp koymak, defne ve çörek otu koymak, akik taşı ve pirinç koymak varken, neden eski ve işe yaramazları orada tutuyorsun?..

Kimliğin özeldir, kartlardan ve paradan bunu ayrı tut. Kimlik, dua ile bir yerde tutulabilir. Tılsım, muska, değerli taş ya da şans sembolleri konulabilir. Cüzdanını herkese elletme, herkese emanet etme. Cüzdanını şükür ile aç ve kapat, parayı buruşturup koyma, düzgün ve sevgiyle yerleştir. Cüzdanda ve cüzdanı içine koyacağın çantanda sahte marka kullanırsan, sahtelik enerjisi seni bloke eder. Ucuz olsun da sahte olmasın.

CÜZDANINA OKU:

11 Karınca Duası

1001 Ya Kayyum

1'er Cuma ve Fetih Sureleri

7 Salavat

7 Maun Suresi

Sad Suresi 54. Ayet

Araf Suresi 10. Ayet

Sana göre değersizlik hissi veren her şeyi, cüzdanından çıkar. Unutma; boşa ve anlamsızca, hırsla ve aşırılıkla para harcamak günahtır, haramdır. Bağış yap.

KISMET ÇAĞIRMADAN DA GELİR, O TÜM KALPLERİ BİLİR. ÜZÜLME, SENİN KİMSEYE DİYEMEDİKLERİNİ ALLAH DUYDU, KISMETİN SENİNDİR.

KISMET / Tuğçe Işınsu

BEREKETİNİ ARTIR, BOLLUĞA GEÇİŞ YAP.

Hakkını al, talep eden, isteyen ol.

Değersiz kişilerle zaman geçirme.

Hesap yap fakat bunu abartma, abartırsan kıtlığa geçiş olur.

Her şeyin azını, değersizini, ucuzunu seçme.

Sürekli pazarlık yapmak da kıtlıktır ve karşındakini değersizleştirmektir.

Her şeyin hakkını ver, gücün varsa daha çok ver ki çokluk enerjin yayılsın.

Her gün herkese bolluk bereket hakkında sözlerle konuş.

"Ya biterse" diye sürekli bir şeyleri saklama ve tutma, hayrını görmezsin.

Aşırı sahiplenme, her şeyi geçici olarak kullanıyorsun. Sahibi belli...

Ofisine/dükkanına defne, kaya tuzu, kristal, akik, çiçek, altın rengi objeler koy.

Paranın büyüklüğü değil, sana nasıl etki ettiği önemli. Geldiği gibi gitmesin, para ile olan ilişkini, geçmişini gözden geçir. Para da titreşen bir enerjidir.

Almayı bil, alıcı enerjiyi seç.

Korku ile para harcama.

Parası olanları kıskanma; bu, onları güçlü ve seni güçsüz yapar.

Para niyetlerinin önünde duran blokajları bul, ön yargı ile paraya yaklaşma.

Para niyetin, sana paranın gelişi ile ilgili yön verir.

Maneviyat en büyük zenginliktir, para sadece araç ve semboldür.

Para adına içine sinmeyenleri yapma, mutlu hissettirmeyen işten gelen para bereket vermez.

Kendine haksızlık yaparsan değersizleşirsin; para ise bir değerdir, onu çekmen için değerli de hissetmen gerekir.

Para akışı iyi ve yoğun olan mekanlara girip çık.

Paradan sevgiyle söz et.

Kendine para ile ilgili kısıtlama ve engel koyma.

Ver ki daha çok alasın, tutma. Tutmak, korkmaktır; korktuğun şey senden kaçar.

Parayı şükür enerjisinde kalarak harca.

HER ŞEY, SANA ARACILIK EDER.

PİŞMALIK geçmişte kalmaktır, geçmişi yaşatmak ve gelecekten aslında korkmaktır. Sana hizmet edecek her enerjiyi yaşamına almak istiyorsan, geçmişi sevgiyle bırak. Yeni deneyimlere açık ol; yeni buluşma ve seçeneklere kapını aç. Seni kısıtlayan her şey senin için yanlış. Alma ve verme dengeni iyi belirle, hangisi aşırıysa orayı şifalandır. Bilgini eylemle sen buluşturacaksın, sadece istemiş olmak yetmez. Niyet etmek, sözler aracılığı ile eyleme geçiştir. Niyet, dileği ve geleceği tasarlayıp, ilk şekli verme enerjisidir. Senin hayallerin seni anlatır ve seni sen yapar; insan, hayalleri kadar büyüktür. Umudu kadar yaşar bu hayatı. Yeni bir geleceğe inan, dileklerinle bu hayatta sen de bir iz bırak. Neye ihtiyacın varsa niyetinde bunu net olarak ortaya koy. Nereye varmak istiyorsan, hedefini buna göre seç. Tüm dilek yolculukların sana aynalık edip, sana seni gösterip son durakta yine senin hakkında beklemediğin gerçekleri ve yansımaları aktaracak. Yani dileğin de aslında senin kendini bulman için bir yolculuk. Dilek kapısı dışarıda aranmaz, onun kilidi senin içinde. Onu içeriden sen açacaksın. Seni gerçek senle buluşmaya davet eden her manevi yolculuğa güvenle çık. Engellerinin de nasıl aşılacağını yine içindeki bilge sana fısıldayacak. Kimseye ihtiyacın yok. Gereken sende. Teslimiyete ihtiyacın var, kontrol etmeye değil. Çabala fakat bunu aşırı yapman da korkudur, olmayacak demendir. Girişim yap ama sonra akışın yolculuğu başlasın, izin ver buna. Kalp ve ruh, sen ilerlerken ışık olacak, ışık tutacak. Dönüşüm, öfke ile olmaz; huzur ve huşu ile olur. Bırak ki gitsin. Kendine, kendini itiraf et. Hayal ettiğinle, senin aldığın yol kesişmeli her şeyden önce. Niyet, en baştan sonucu oldu bilmek, emin bir enerji ile tam da sonuca bağ kurmaktır. Sana hizmet etmeyen enerjiyi yaşamında tutman, kendine yapacağın haksızlıktır. Dilekler yolunda "hayır" demen gereken durumda "evet" dersen yeni bir blokaj da oluşabilir. Başkalarını mutlu edeyim derken, mutsuz olan sen olamazsın. Eylemlerine yön veren, sana destek olan her enerjiyi kabul et. Sonuca varmış, varacakmış, çok az kalmış gibi yaşa, bu frekansta devam et. Dileğin olduktan sonra olacaklara hazır ol. Enerjini eylem ve sonuç için kullan, sana inanmayan ya da değersiz enerjideki insanlara sürekli dileğini anlatma. Kimseyi dileğine ikna etme, sen ikna olduysan zaten kimseyi de ikna etmezsin. Net ve kararlı kal.

ESKİ ENERJİ SÖZLEŞMELERİNİN İPTALİ

Geçmiş, geçmişte kaldı ve geçmişin negatif yanı bugün artık seni yönetmemeli. Sözlü olarak kendinle, başkaları ile yapmış olduğun bazı "enerji akitleri, enerji sözleşmeleri" hayat planında ve akışında seni hâlâ etkiliyor, hatta bloke ediyor.

"Ben evlenmem, ben o işi asla yapmam, ben fazlasını alamam, ailem istemez, yok bu olmaz, onu yaparsan hayatım yıkılır" gibi eski enerji sözleşmeleri ve vermiş olduğun bilinçaltı komutlarını şimdi ve tüm zamanlara doğru kesin ve keskin olarak iptal et. Bu güç sende, onları sen yaptın ve sen iptal edeceksin. Geçmişte bazı kullandığın ifadeler, enerjiye dönüştü ve geleceğe bağ kurdu, geleceğini bağladı.

Seni boğan, sıkan, kurtulmak istediğin, tekrar eden, çok negatif hissettiğin zamanlardan, anılardan kalan anlaşmalar bunlar. O an ve anılara, zamanlara geri gidip artık onları iptal etmelisin. Şartlar koştun, bloklar koydun, iptaller yaptın, engeller oluşturdun oralarda. Olacak başka akışlara bilmeden ama etkiyle sen müdahale etmiş oldun. Söz etkidir, enerjidir ve sonucun bu şekilde oldu. Hayatla bir olup hayatla akarsan, hayat hayrına olanı verir. Tam olarak ifade edilmemiş her şey akışta ve ilahi planda "tamamlansın" diye bir gün bir yerde yine bizi bulur, karşımıza çıkar. Tamamlanmamış dilekler ve niyetler, başka alanlarımızı da yönetir veya bloke eder. O nedenle girişilen iş tamamlanmalı. O anlara ve sözlere geri dön; oradaki söylemleri bul ve hatırla, tahmin et "O andan itibaren, şimdi ve tüm zamanlara doğru bu enerji anlaşmasını tüm detayları ile iptal ettim o sözleri ben dönüştürdüm, hükmü bitmiştir." de.

"Yaşamımda bilerek, bilmeden ettiğim tüm olumsuz tüm karma yeminlerimi bozuyorum. Gelişimime, niyet ve dileklerime blokaj koyan her şeyi en say enerjimle artık bırakıyorum. Geçmiş yaşandı ve bitti. Tüm eski sözlü anlaşmalar ve buralardan kaynaklı enerji geçişleri bitti. Düğümleri açtım, kilitleri açtım ve özgür kıldım. İrademe ne hükmediyorsa artık bırakıyorum. Bana iyi gelmeyen hiçbir şey artık bana gelemez. Olumsuz geçmiş bağların tümünü kestim. Kendi gücümü biliyor, en doğru şekilde merkezleniyor ve ilerliyorum."

MEKANLARIN GİZEMLİ GÜÇLERİ VE ENERJİLERİ

Dünyada ve ülkemizde, yaşadığımız yerlerde birçok enerjisi yüksek nokta var. Niyet ve dileklere kapı açarken buralara gidebilir, onların enerjisini kendimize çekebiliriz. Her mekan enerji taşır, bir canlı gibidir ve içinde gizler vardır. Her mekanda senden önce bulunanlar sana enerji aktarır. Mekan seçimleri geleceğimizi şekillendirir. İnsanların bizden önce girdiğimiz yerde yaymış oldukları enerji bizim üzerimizde etkilidir. İbadet yerleri de bu şekilde belirlenmiştir. Ritüel, dua, uygulamalarda mekan seçerken dikkatli olmak en iyisidir. Senin yatak odan ya da ofisin senden enerji taşır, sana enerji verir. İntihar etmiş bir ressamın tablosunu uyuduğun odada tutmak seni bloke edebilir. Milyoner bir işadamının yazdığı başarı anıları dolu bir kitabı oturma odanda tutmaksa seni bereketlendirebilir. Dağlık alanlar yükselişi sembolize eder, su alanları da akışı, mutluluğu, yaşam enerjisini. Yenilik ve dilekler peşinde koşarken, mekanlarımızı da enerjisel olarak kontrol etmeli ve gerekiyorsa arındırmalı ve gereken objeleri koymalıyız. Sana ait olmayan eski enerjideki, içini sıkan şüphe ettiğin eşyaları dışarıda tut ya da bağışla. Kendini iyi hissetmediğin mekanlarda yemek yeme, uyuma, kalma. Bir yere girince başın ağrıyorsa, kavga çıkıyorsa, enerjin düşüyorsa: orası sana iyi gelmiyordur, orada senden önceki yaşamışlıklar blokaj veriyordur. Bazı eşyaların yeri değişmelidir, bazıları ise o olan yerinde en iyi şekilde hizmet etmektedir. Pislik, dağınıklık, yemek artığı bırakmak, tozlanma enerjiyi bozar. Arızalı eşyaları ya onar ya çıkar. Bulunduğun mekanlar yaşamın üzerinde etkili, içeri girince ilk verdiği his ve bilinçaltının sezgi yolu ile sana bu mekan hakkında aktaracaklarını dinle.

Evinde ve ofisinde ritüel köşeleri oluştur.

Mekanda enerji akışı olmuyorsa; tütsü yap, kristal koy, dua et.

Kasvet veren eşyaları çıkar.

Güvenmediğin kişilerin özel eşyalarına dokunmasına izin verme.

Olumsuz bir mekandan çıktıysan, eterik kordon kes.

Olumsuz eski anılara dair mekanlarda bulunma, buralardan aldıklarını eve getirme.

Mekanlar hakkında hayvanların davranış, sezgi ve hareketlerine güven.

DEFNELİ MUCİZE RİTÜELİ

Dileğini, tam 7 defa mavi kalemle yeni ve temiz, beyaz bir kâğıda yaz.

Hep olumlu ifadeler kullan.

Dilekler olmuş gibi cümleler yaz.

Örnek:

Arabamı aldım.

Başardım.

İşe girdim.

Evlendim.

Beni aradı.

Yazma işlemi bitince: az bir tarçına işaret parmağını sür.

Her cümlenin üzerinden tek tek, tarçınlı parmağını sür ve geçir.

7 cümle için, yukarıdan aşağı ve tek tek yap.

Bitince, 21 Besmele çek.

Tamamlanınca, "Dileğimi tüm zamanlara doğru yaşamımda kabul ettim." de.

En son, kâğıdın içine 1 adet defne yaprağı (şans ve olumlu enerji verdiği için) ve 7 adet de çörekotu (büyütme, oluşturma enerjisi için) koyup kapat.

Bu çalışmayı odada sakla.

Bol şans...

2021

2020 hepimiz adına yenilenme ve dönüşüm yılı oldu. Hatalar, hak yeme, haksızlıklar, kötülük, sevgisizlik, savaşlar, kıtlık, hayvanlara zulüm, inançsızlık ve daha pek çok olumsuz enerjinin sonucunda dünya, artık dayanamadı ve aslında bir dönemi kapayıp yeni bir dönemi başlatmak istedi. Değişim en büyük gerçektir ve değişim asla durmaz. 2020 ile başlayan bu süreç, maneviyatı, spiritüelliği ve dönüşümü aslında bizlere fısıldıyor. Yapılmış olumsuzluklar 2020'de yüzümüze vuruldu yaşanan art arda felaketlerle, her birimiz artık enerjilerimizi net olarak ve doğru şekilde dönüştürüp kendimize, ülkemize, dünyaya, evrene olumluyu ve yeniyi yansıtmalıyız. Dünyayı ancak sevgi, iyilik ve bilgelik kurtarır. Şikayeti, sevmemeyi, çözümsüz sanmayı artık bırakmalı her bir kişi. Yeniden kurulan enerji sistemi, dünyayı da hızlandıracağı gibi insandan da daha manevi derinlikle bakmasını istiyor. Belki acı çektirerek öğretti 2020 ve tokat attı da gösterdi bazı şeyleri ama demek ki insanın kendine, doğaya, insanlığa ve her şeye yaptığı hatalar karşısında bu gerekliydi. İlahi plan devam eder ama hep ve daima, iyilik baskın olursa zaten iyileşme de başlar. Kaybetme diye bir şey olmadı, öğrendik ve yaşam dersleri aldık geçen yıldan, bu yıl ise daha farkındalıkla ilerliyoruz aslında. Zor deneyimler, değişim için çağrıdır. Sonlar yoktur, her bitiş gizli bir yeni başlangıcı müjdeler. Başına ne geldiği değil, artık nasıl tepki vereceğin, neler yapıp aşacağın, bu olay karşısında neleri öğreneceğin önemli. Kendini tüm dua, ritüel, uygulama ve tılsımlarla baştan oluşturma ve yeniden inanman için yazıldı bu kitap. Her çalışma mutlaka işe yarar ve bir olumluya hizmet eder. Zamana bırak, inan ve en etkili şekilde yap, yeter ki… Olumsuz her deneyimin de seni güçlü ve bilgili yaptı. Zaferi deneyimlemiş en büyük isimler, geçmişlerinde en büyük yenilgileri de yaşamış olanlardı. Hiçbir zaman da bir son yok, her zaman yeniden başlanır. Korkmayı güvende olmak sanan, sen değişim isteyince seni korkutan zihnine yüz verme. Sen artık daha fazlası için hazırsın ve fazlasını almalısın. Eskimiş ve artık sana hizmet etmeyeni bırakırken, zihin eski sistemi sana daha güvenilirmiş gibi sunabilir, bu kandırmacaya kulak asma.

SIRLAR TILSIMI

Sol elini bu tılsımın üzerine koy ve “Yüce ALLAH, en ilahi zamanda, bana gereken kapıyı açacak. Bu tılsımın sırrını yaşamımda kabul ediyorum, benim elim bu gizemli elin sırrı ile şimdi ve tüm zamanlara doğru buluştu, gücü ve etkiyi elimden başlayarak içeri alıyorum.” de.

SEN BİR ŞEYİ,

TÜM KALBİNLE

VE BENLİĞİNLE

İSTERSEN KISMET

BUNU DUYAR VE

BU İŞİN PEŞİNİ

BIRAKMAZ.

KISMET / Tuğçe Işınsu

SONSUZ ŞİMDİ TILSIMI

"Ne yaşarsam yaşayayım ben güçlüyüm, ruhum hep yenilenmek için hazır. Bilinçaltım bana itaat eder ve benim için çalışır. Zorluklar beni güçlü yapmak için var, benim içimdeki enerji akışı benim için yeterli. Benim dünyada ve hayatta, kendime göre önemli bir yerim var. İlahi plana güveniyorum. ALLAH beni seviyor ve koruyor, kendi zirveme çıkmak için gerekli gücü sadece kendi içimde bulurum. Sezgilerimle, ihtiyacım olan yolu hızlıca seçebilirim. Dua en büyük destekçim, ben her duamın duyulduğunu bilirim. Enerji durmaz, demek ki her an yeni bir umut var. Sonsuz güç şimdi'de, tüm olasılıklar şimdi'de gizli."

Bu sözleri söyledikten sonra bu tılsımı çiz ve kendi resminle birlikte sakla odanda.

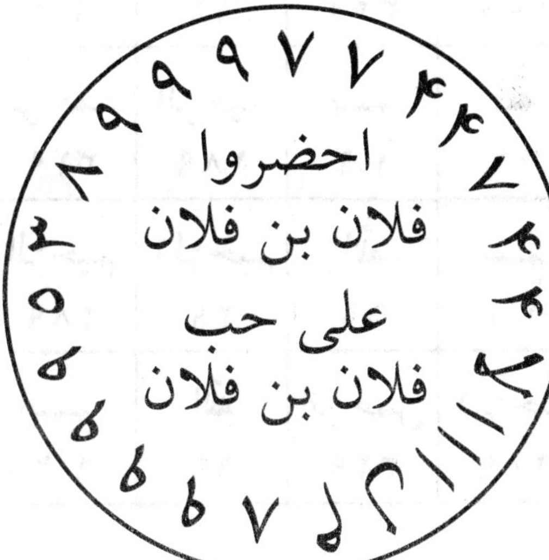

TİTREŞİMİ YÜKSELT, EN YÜKSEK FREKANSA GEÇ

Burada gördüğün tılsıma odaklan, iyice bak ve merkezlen. Resmi iyice detaylı bakarak gözlerinle ve ruhunla, onun fotokopisini çekmiş kadar ol. Şimdi iki kaşının ortasının az üzerinde 3. Göz noktanda mavi bir ışıktan giriş oluştur. Bu tılsımın enerjisini al kabul et. Bu mavi ışıktan oluşan girişten içeri kabul et. İçeri al kendine ve tüm hayatına. Tılsım sana güç, yenilik, titreşim ve yeniden başlama isteği sunup, bir yandan iyi şansı da çekecektir.

الرّحيم ٢٨٩	الرّحمن ٣٢٩	الله ٦٦	بسم ١٠٢
الله ٦٦	بسم ١٠٢	الرّحيم ٢٨٩	الرّحمن ٣٢٩
بسم ١٠٢	الله ٦٦	ا لرّحيم ٢٩	الرّحيم ٢٨٩
ا لرّحيم ٢٨٩	الرّحمن ٣٢٩	الله ٦٦	بسم ١٠٢

HER ACI; BİR AMAÇ, BİR YAŞAM DERSİ İÇİN GELİR. BİLGE RUH, ACIYA ŞÜKÜR İLE YAKLAŞIR.

Öyle olmasa, bu olayların yaşanmasına zaten ALLAH izin vermezdi. Zorluk, gizli bir fırsattır. Bilgiye ve bilgeliğe ulaşmayı seç, bu kitabı tamamen uyguladığında buradaki kadim bilgiler ve enerjilere sen tam anlamıyla uyumlanıp bunları merkezine alıp, konuyu kökten kendi yaşamına soktuğunda: artık hiçbir şeyin eskisi gibi kalmadığını net olarak gözlemleyeceksin.

İç dünyan ne kadar derin olursa, titreşimin o kadar artar. Artan titreşimin ile daha üst seviye farkındalığa çıkarsın. Her şey hayrınadır, her olan her zaman akışın içinde elbette ki hayra çevrilebilir. Akışa güven, Yüce ALLAH'ın bildiği var. Yaşanılan her olay, güçlendirmek ve fark yaratmak için. Sana bir şeyler katmak ve ruhuna çağrıda bulunmak için. Tekamül yolunda seni bulan her şey, ilahi anlaşmada zaten senin saf bir ruh olarak seçmiş olduklarının. Her şey senin için ve seninle birlikte çalışır. Hayatındaki tüm iniş ve çıkışlar, seni sen yaptı ve güç için sana kapı açtı. Şükür ve derin anlamları çözerek ilerlemek şarttır. Endişeyi bırak, güvende kal, ilahi plan senin için var, kontrolcülüğü de bırak. Tüm dünya her yönde değişirken, sen de değişimden nasibini alacaksın. Sana ait olan her şey seni bulacak. Kendini kabul ederek başla. Mükemmel olmak zorunda değilsin, sen tam da şu an olduğun yerden başlayacaksın. Olan hayrımızadır ve aslında olan en mükemmel şekilde bize hizmet etmektedir. Bu kitapla birlikte yeni yollar ve kapılar sana açılacak.

Bu kitabın sana gelmesi, senin de dileklerin için bir çağrıda bulunmuş olmanla ilgili. Benzer, benzeri çeker. Bir şey sana gelmişse, sen çağırmış olduğun içindir.

Derin bir nefes al, tüm olumsuzu, verdiğin nefes ile şimdi kaynağına geri bırak. Değişimi, yeniyi, dileklerini yaşamına şimdi çağırmaya niyet et. Sen değerlisin ve tüm o istediklerini hak ediyorsun. Sadece kendine ve en gerçek öz haline ihtiyacın var bu yolda.

İzin ver ve akış başlasın.

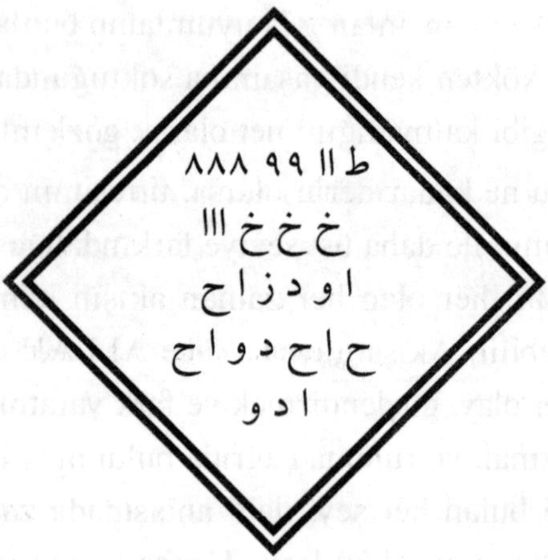

SÖZLERİN GÜCÜ ADINA

AMİN

Aşağıda senin için seçilmiş özel cümleler, niyetler dualar var. Her cümlenin yanında bir küçük kalp var. AMİN "emin olmak" demektir, bu eminlik de zaten 'Veren'e olan güvenimizdendir. Yazmak, söylemenin bir üst enerji frekansıdır. Yazmak tam olarak oluşturmak, netleştirmek, mühürlemektir. Şimdi aşağıda yazan her bir niyet ve duanın yanına, kalbe "amin" yazarak konuyu en 'Güvendiğin'e teslim et ve içini de huzurla kapla.

YAŞADIĞIM HER KONUYU ALLAH'A BIRAKIYORUM. O, BENİ EN ÇOK SEVEN VE KORUYANDIR. ALLAH'IM TÜM DİLEKLERİM İÇİN BANA HAYIRLI KAPILARI AÇ.

BU KİTAPLA YAŞAMIMA ÇEKİLECEK HER MUCİZEYİ MUTLULUKLA BEKLİYORUM.

BEN, ALLAH'IN KULUYUM. HER ŞEYİ ALLAH'TAN YANİ EN BÜYÜK KAYNAKTAN İSTERİM. BU, EN BÜYÜK GÜÇTÜR.

BU KİTAP İLE, EN ÜST SEVİYE FARKINDALIĞI YAŞAMIMA ÇEKİYORUM.

BU KİTABIN İÇİNDEKİ TILSIMLARI, YAŞAMIMDA HEP EN OLUMLU VE HAYIRLI ŞEKİLDE KULLANACAĞIMI BİLMEK BANA GÜÇ VERİYOR.

BEN İÇİMDEKİ BİLGE İLE İŞBİRLİĞİ YAPARAK AŞKI, BOLLUĞU, ZAFERİ, İYİ BİR GELECEĞİ YAŞAMIMA ÇEKEBİLİRİM.

KENDİMİ ONAYLIYORUM, OLDUĞUM GİBİ SEVİYORUM, YENİ VE HAYIRLI BİR YAŞAMI SEÇİYORUM.

SEZGİ VE İLAHİ REHBERLİK YARDIMI İLE, BU KİTAPTA GİZEMLER VE TILSIMLARLA HAKKIMDA EN DOĞRU OLACAK CEVAPLARI ALMAYI SEÇİYORUM.

YENİ BİR YAŞAMA UYUMLANMAYI, ÜST FREKANSA GEÇİŞİ KABUL EDİYORUM. BU KİTAPLA YAPTIĞIM TÜM ÇALIŞMALARLA DOĞRU ENERJİYE ALLAH'IN İZNİ İLE GEÇİYORUM.

BENİM İÇİMDE YARADAN'IN BİR ZERRESİ YATIYOR, BEN ÖZELİM VE FARKINDALIK İLE YÜRÜDÜĞÜM YOLDA, GEREKENİN EN İYİSİ OLABİLİRİM.

DEĞERLİ OLANI YAŞAMIMDA KABUL EDİYORUM, HER ŞEYİ OLUMLUYA ÇEVİRİYORUM VE SEVGİYİ HAK EDİYORUM.

BANA HİZMET ETMEYENİ TÜM RUHSAL HAFIZAMDAN VE DNA SİSTEMİMDEN SEVGİYLE

AYIRIP KAYNAĞINA GÖNDERİYORUM. EN YÜKSEK FREKANS İLE YAŞAMIMDA İLERLİYORUM.

KENDİMİ BOLLUK, PARA, AŞK, İLİŞKİLER, KARİYER, SAĞLIK ADINA EN ÇOK VE EN İYİ OLANA SINIRSIZCA KOD'LUYORUM.

BENİ AŞAĞI ÇEKEN TÜM OLUMSUZ KODLARI YANİ YÜKLERİ, ŞİMDİ TAM DA ŞU AN'DAN TÜM ZAMANLARA DOĞRU SERBEST BIRAKIYORUM. BEN GÜCÜN TA KENDİSİYİM.

BEN ARTIK YAŞAMIMDA HERKESTEN VE HER ŞEYDEN BAĞIMSIZ, EN DOĞRU VE EN ETKİLİ SEÇİMLER YAPABİLİYORUM.

KENDİMİ VE BİLİNÇALTIMI İKNA EDEREK HER İSTEDİĞİMİ YAŞAYABİLECEĞİMİ BİLİYORUM. ALLAH BENİMLE.

Not: "Amin" kelimesinin titreşimini ve yüksek frekansını burada yazarak daha da büyüttün yaşamında. Şimdiden enerjin değişti bile! Bu çok özel kelimeyi "kalp"lerin içine yazarak da sevgi enerjisi ile konularını mühürlemiş oldun. Şimdi sevgiyle ve inançla, bu kitabın gizemine ve ihtişamına devam et.

amin

PARA KODLARI RİTÜELİ

Hayal ettiğini hatta hayal ettiğinden de fazlasını her zaman alabilirsin. Her onay, bir çekim başlatır ve her inanılmış yaşamlarımıza çekilir. Odaklandıkça konu ile arandaki bağ güçlü olur ve enerji artık o konuyu gerçek yapmak için harekete geçer. İşin içine iyi niyet, sezgi ve dua da katınca mutlu son bizi bulur. Niyete çıkan yolda, ritüeller yarattıkları enerji ve sembollerin gücü ile bizi sonsuz destekler. Gece ve gündüz, özellikle de uyku öncesi odağını hep parada tut, hep paraya bak, para düşün ve bilinçaltına pere görselleri yolu ile hep bolluk oluşturması için gerekli komutu ver. İptal etmeden yola devam et.

"Para da sevgidir ve titreşen bir enerjidir, ben bolluğu seviyorum ve seçiyorum. Paraya yaşamımda geniş yer açıyorum, ilahi planda bol para akışına geçiyorum. Zenginlik benim hayrıma, para benim destekçim. Para niyetlerim temiz ve net, alma enerjimi sonuna kadar açıyorum." diyerek tüm olumlamalarını belirt.

Sonra, beyaz bir kâğıda yeşil kalem ile hayatında çekmek istediğin para miktarını yaz.

Bu kâğıdı yak.

Ardından Fetih ve Sad Surelerini oku.

Külleri toprağa göm.

Bolluk için tüm kalp kapılarını açmalısın, gelene hep şükretmelisin ve paylaşmalısın da. Bolluk, az ile başlar ve artar, bu takibi sen yapacaksın. Her gelen, yeni başka şeylere de vesile olacaktır. Kendi bolluk enerjine önce kendin inan.

Borçlarını çok konuşma, borç alma ve verme. Potansiyeline güven. Başkalarına gelen bana da gelir şeklinde düşün. Kendini değerli gör, değersizlik hissi para akışını bozar. Bolluk ile senin frekansın eş değer olura, onu yaşamına çekersin.

Ritüeli yaptıktan sonra, gece uyurken tomar tomar paralar imgele. Bu tomarları ışık topu yapıp kalbine göm.

MUCİZELERİ ÇAĞIRMAK

Mucizeler ALLAH katındandır ve O'nun "OL" demesi ile olur. Yani mutlak güçten istediğine göre sen, bir mucize senin de kapını çalabilir. Bu inanmak ile ilgili bir konu sadece. ALLAH'ın büyük ve sonsuz gücü ile her an'ın içinde nimetler, gizemler, güçler, mucizeler saklıdır. Yaşamın kendisi de bir mucizedir. Senin nefes alman da öyle...

Bu tılsımı kendi elinle çiz. Üzerine Maide Suresi'ni oku. Kendi resminle yatak odanda gizli bir yere sakla.

ع	ق	ع	ع
ط	ق	ط	ط
ق	ع	ق	ق
ق	ط	ق	ق

SANA DEĞERSİZ
HİSSETTİREN BİR
ŞEYİ BIRAKMAN,
SANA YENİ
KAPILARI AÇAR.
KISMETİNE
YARDIM ET.

KISMET / Tuğçe Işınsu

MUCİZE NİYETLERİM

Aşağıdaki boş alanlara mucize gibi gördüğün ve yaşamına çekilmesini istediğin niyet, dilek ve beklentilerini yaz. Gece saati yazma işlemini yap. Gece uyurken bu sayfa yatağının başucunda açık olarak kalsın ve buraya yazdıklarının üzerine 21 defa YA MELİK, YA BATIN, YA NAFİ, YA MÜCİB esmalarını okumuş ol. Okuduktan sonra, bu niyetlerin olunca nasıl hissedeceksin, neler yaşayacaksın, neler olacak; bunları detaylı imgele. Her biri için tek tek yap imgeleme ve hayal etmeyi... Burada yazarak yapmak, sonucu daha net ortaya koymak için, üzerine okunan esmalar ise tüm titreşimi yükseltecek. Gece uyku öncesi çalışmayı yaptığın için bilinçaltına da komut gitmiş olacak. Kitabın bu ilgili sayfası gece boyunca açık kalarak enerji akışının da devamını sağlayacak. Sonuçları takip et...

1. ....
2. ....
3. ....
4. ....
5. ....
7. ....
8. ....
9. ....
10. ....

Duana da duyana da güven.

Her çalışma bir enerji akışıdır, her inanç bir mühürdür.

Mucizeler ALLAH'tan gelir, saf ve temiz kalpler geri çevrilmez.

Amin.

GÜN İÇİNDE, HER OLUMSUZ ANINDA BAŞVUR

Ne zaman bir olumsuzluk yaşasan, başına kötü bir şey gelse, eleştirilsen, biri kötü bir laf etse ya da bir hayal kırıklığı oluşsa bu çalışmaya başvur. Bu anlamda, bu kitabı nerede çokça zaman geçiriyorsan orada tut veya çantanda gezdir mümkünse. Bu kitap bir çalışma kitabı ve her an başvurulacak bir manevi rehber çünkü.

Olumsuzluk yaşadığın an'da: "ALLAH'IM senin YA MANİ isminle şimdi ve tüm zamanlara doğru bu olayla aramdaki bağları kesiyorum." dedikten sonra aşağıdaki tılsımı kalp çakrana bastır, enerjiyi hisset ve içine al. Bu tılsımı gözlerini kapatıp bir mor ışık topu yapıp kalbine göm. Derin derin nefesler al ve ver. Gün içinde ayrıca, sol elini bu tılsımın üzerine sürüp elini kalbinin üzerine koy.

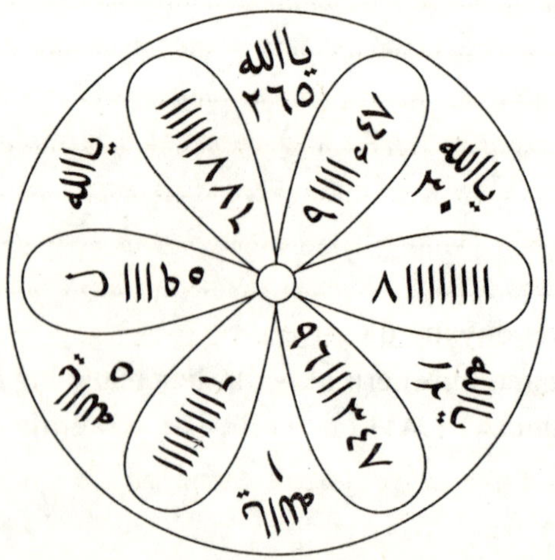

ENERJİ AKIMI MUCİZESİ

"BEN ana kaynağa bağlıyım.

Kaynaktan gelen tüm enerjiler beni bulur.

Güçlüyüm ve gücü yaşamımda kabul ediyorum.

Tam da şu anda, tüm sorumlulukları alıp, olanların benimle ilgili olduğunu idrak ediyorum.

ALLAH'tan geleni sevgiyle kabul ediyorum.

İstediğim yaşamı çekiyorum.

Dikkatimi, enerjimi, inancımı mucize sonlara odaklıyorum."

Yukarıdaki sözleri söyledikten sonra iki elinin işaret parmaklarını karşı karşıya getir. Biraz bekle ve ikisi arasında bir enerji alış verişi, bir titreşim, akım başlayana kadar izle. Hazır olunca, iki parmak arasında mor bir ışığın gidip geldiğini, bu iki parmak arasında mor ışık transferi olduğunu imgele. Titreşim çok artınca iki parmağı buluştur; birbirine değsin. Dileğini, niyetini sesli olarak tam da o anda ifade et.

İki kolunu yana aç. Titreşim de enerji akımı devam ediyor.

Sadece niyetine odaklan. Son derece güçlü ve inançlı olarak devam ediyorsun... Kollarını şimdi ileriye, öne doğru uzat, iki işaret parmağın ileriyi hedefleyecek şekilde dursun, yani geleceği işaret eder sembolde. Mor ışığı, işaret parmakların ile ileriye yönlendir. Karşında bir ekran imgele. Dileğini bu ekrana imge olarak yerleştir. Dileğini ekranda film izler gibi izle...

Son olarak gördüğün ve izlediğin her şeyi bir altın sarısı ışık topu yap ve kalbine göm. Ve "Öyle de oldu." diyerek konuyu mühürle.

Çalışma bitince okunacak esmalar: 777 adet YA ZEL ARŞİL MECİD

YILDIZLI MUCİZE

Bu yıldızın içine, dışarı taşmayacak şekilde beklenti, dilek ve olmasını istediğin şeyleri küçük küçük not al. Her bir bölüme aynı dileğini ya da farklı farklı dileklerini de yazabilirsin. “Ben bütünün önemli bir parçasıyım, şimdi bütünle ve tüm gücümle işbirliği yaparak, yıldızlar kadar parlak ve yüksek enerjide dileklerimle manevi bir yolculuğa çıkıyorum. İlahi plan benim arkamda, değerimi biliyorum ve tüm dileklerimi oldu biliyorum.” dedikten sonra bu yıldızın her 5 köşesine doğru bu Esmaü’l-Hüsna’yı oku: 70 YA MÜBDİU.

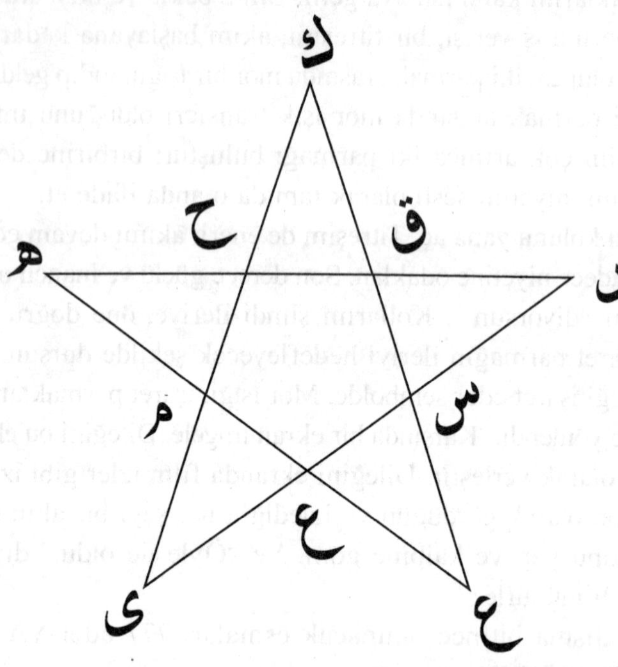

ÇOK ETKİLİ "AFFETME ÇALIŞMASI"

Dileklerimizin önündeki aslında en büyük engel, geçmişten gelen yükler yani affetmediklerimiz. Affetmedikçe tam bir özgürlük olmuyor ve arınmadığımız için de geçmişte kalıyoruz. An'ı deneyimleyemiyor, zihnen burada mükemmel olan şimdi'de merkezlenemiyoruz: bu bizi geriye atıyor. Dilek, bugünü ve geleceği simgeler. Affetmemek ise geçmişte kalmayı simgeler. Affetmediğin konu ve kişi ile arandaki olumsuz bağ hâlâ sende etki taşır, hatta benzer olayları yaşamaya sebep olur. O haklı olmayabilir fakat sen çok değerli olduğun için affetmeli yani yükü atmalısın. Bunu yapmakta zorlanıyorsan, konuyu bir uygulama ve ritüel ile perçinlersen daha net ve güçlü olur. Sonuç alana kadar bu ritüele devam edebilirsin. Gerçekten ve tüm enerjinle affettiğinde kendin hislerinle bunu anlamış olacaksın ve artık bu konuya olan öfke bitmiş olacak.

İstiğfar et.

7 kere Salavat oku ve gerekli girişi yap.

"Bugün ve tüm zamanlara doğru bu konuda gereken tüm yaşam derslerimi alıp konuyu, kişiyi, kendimi tüm detayları ile her bir zerresine kadar sevgiyle ve tam bir inançla affediyorum." dedikten sonra kendini bir sahilde olarak imgele ve hayal et. Kumlarda oturuyorsun ve önüne beyaz güzel bir MELEK bulutu geliyor. Tüm yükü olmuşu, o kişiyi, yanlış sözleri, sana yapılanları bu güzel buluta yükle, üzerine bindir. 4 baş meleğin adını söyle: MİKAİL CEBRAİL İSRAFİL AZRAİL. Yüce ALLAH'ın izni ve 4 büyük meleğin de yardımı ile bu yükü artık kaynağına gönderiyor ve hafifliyorsun, yükü atıp arınıyorsun. Her bir meleğin o güzel ve saf enerjisi ile bu bulutun dört bir yanından tutup, onu göğe yükselttiğini, senden alıp götürdüğünü hisset. Dileklerine yer açıyorsun. Her bir konu ya da kişi için ayrı ayrı bulut yüklemesi yapabilirsin. Yükleri bulutlara koyduktan sonra, bulutların gökte bilinmeyen bir noktaya doğru gidişini ve yok olup sonsuzluğa karışmasını izle, imgele.

Tekrar tekrar yap, içindeki olumsuzluk ve öfke, affedemeyiş bitene kadar… Artık bulutlara yükleme yapmak istemediğin an'da dur. Konu tamamlandı. Şifa olsun ve öyle de oldu.

OLANDA HAYIR VARDIR

Olmuş, hayrınadır. İçindeki hayrı bulman için gelir. Olmuşa ALLAH karar vermiştir, O ol deyip olmuştur. Direnilmez, isyan da edilmez, derin bakılır...

İlahi akış, negatif ve pozitif diye adlandırdıklarımızın bütünüdür fakat gerçekte ilahi ve derin bakış açısında negatif yoktur. Hatta en negatif gördüklerimiz belki de bizlere en çok hizmet edenlerdir. İlahi akışta son yoktur, akış ve yenilik vardır. Hep süreklilik vardır. Bir bitiş içinde bir başlangıç ile gelir, ilahi anlaşmada orada o konunun bitişi varsa; yerine yenisi yine plan dahilinde çoktan koyulmuştur ve seni bulacaktır. Direnç veya isyan sana enerji ve zaman kaybettirir. Sen kaynaktan enerjisini alan, duaların ve tılsımların çocuğusun. Sen tükenmeyecek, hep yeniden doğacaksın. Bitti dediğin yerde bir mucize ansızın kapını çalacak, şifaya açılacak ve tekrar başlama gücü ile yola devam edeceksin. Her şey seninle çalışır, senin için çalışır. Almayı bil, hep alıcı enerjide ol. Kalbini ve ruhunu aç almaya, tetikte ol: nerede ne var, ne nasıl sana hizmet eder, neyi yaparsan ne olur... Bu kitap bilinçaltından duaya, ritüelden tılsıma varıncaya kadar çok geniş alanda tüm enerjisi ile senin için çalışıyor, seni zirveye çıkarmak için gizemlerle dolu güç ile tasarlandı. Bu kitaptaki şifrelerle yeni bir yaşam senin için mümkün. Sakın pes etme, bu kitabı okuyup içindeki her şeyi uyguladığında her şey bambaşka olacak, ALLAH büyüktür. Evren sonsuzdur, ALLAH sonsuzdur, sen de buralardan gelen bir zerresin. Sen yapabilirsin. Ben de sana sonsuzca güvendiğim için bu kitabı sana sundum, iyi olman, güvende hissetmen, sınırsızca çıkıp her şeyle savaşman ve dileklerinle sen buluş diye... Her şey sen öyle görmek ve inanmak istersen, senin hayrınadır. Çare sensin, çare içinde. Çare dualarda ve enerji çalışmalarında, binlerce yıllık gerçek tılsımlarda. Hz Süleyman nasıl tüm gizli güçlerini tılsımlardan aldıysa, nasıl Osmanlı'da senin ataların savaşları tılsımlar ile kazandıysa, sen de dileğine yine bu güçlerle koşabilirsin. Kimseyi dinleme, her şey ALLAH'tan gelir, sen ne olursa olsun, neyi uygularsan uygula sonuca ALLAH karar verecek. Emin ol ve ilerle. Şans ve mucizeye sen inanmış olduğun an'da tüm kapılar açılır ardına kadar. Her geçmiş deneyim arkadan seni itiyor kendi zirvene doğru, içsel gücünü bu kitap yoluyla arttır ve koşmaya başla dileğine doğru. Tüm benliğinle başla ve inan, tam olarak baş koy bu yola. Geri dönmeyecek, sonuna kadar savaşacaksın. Hedefe ulaşamama olasılığını aklından çıkar, ilahi plan ve tüm akış "senin hayallerini duyuyor, seni destekliyor, senin imge ve vizyonlarını tüm güç ile onaylıyor" sen yalnız değilsin. Uyanışın başladı, arkanda tüm enerjiler dünyası dev ordusu ile tam destek hazır. Bu kitap senin tüm enerji kodlarını yeniden girip, senin için oluşturmaya başlayacak. Enerjini ve inancını sen ortaya koyup her şeyi başlatacaksın, sen doğuştan mucizesin. ALLAH seni tek ve benzersiz yarattı, kendi mucizene sen sahip çıkacaksın. Tüm duygunu, tutkunu, hislerini, sezgilerini sonuna kadar işin içine kat! Bu kitabın her sayfası gizem, enerji, sır ve etkilerle doludur. Yanından ayırma, kitap ile her sıkıştığında çalış, ona sarıl ve kitabı hayatının merkezine koy. Kitap sana her anında eşlik edecek, hep seninle çalışacaktır. Enerjini ne kadar üst seviyede tutarsan, sana gelecekler de o kadar üst seviyeden olur.

ACININ İÇİNDEN
DOĞAN BİR RUHU
KİMSE YIKAMAZ,
KISMET ONUN
UMMADIĞI BİR
KÖŞEDE, BİR GÜN
ONUN ÖNÜNE
ÇIKAR.

KISMET / Tuğçe Işınsu

MAVİ TABAK KİLO VERME ÇALIŞMASI

OL DER VE OLUR kitabımda, çok sayıda tv programında, instagram sayfamda 4 ayda bilinçaltı ve kodlama ile vermiş olduğum 38 kilonun sırrını açıkladım. Kilo konusunda çok ısrar ve talep olduğu için bu kitapta da değinmek istedim.

Sen gerçekte kilolu değilsin, eski yükleri atmayı reddediyorsun, o nedenle bu yükler bir sembol ile bedeninde kilo yolu ile gösteriliyor. YA KABİD esması tıkanmayı anlatır, bu esmayı sık tekrar et ki iştahın kapansın. İlk önce manevi olarak neye açsın bunu bul, geriye git, nerelerde kilon artmış, hangi yaşanan olaylar tetiklemiş bunu bul. Anıları kabule geç, bırak, dönüştür. Bilinçaltı dönüşümü ve regresyon geçmiş yaşam şifası uygulamaları kilo sebeplerini de ortaya koyar, köke iner. Bedenini sevmiyorsan onu kilo yolu ile sen sabote ediyorsun belki de. Aç olmadığın halde yiyorsun çünkü aslında başka bir şeye açsın. Gelecek kaygısı, suçluluk duygusu, kıtlık bilinci, değersizlik, eski yanlış ilişkiler kiloyu tutar. Yemeklere yüklediğin anlamları değiştir; makarna kilo yapar, tatlı kötüdür, bunu yersem kilo veremem, su içsem yarıyor gibi kalıplar seni durdurur. Yiyeceklere yüklediğin anlamları tek tek bul ve dönüştür; eski şiddet veya taciz anıların da hâlâ ruhsal hafızanda durup sende kilo yoluyla kendilerini hatırlatıyor olabilir. Aç değilken kendini yemek yerken bulursan tut ve o anı iptal et. Manevi konularla meşgul olmak iştahı kapatır. Yemek yerken olumsuz düşünmek, eskiyi hatırlamak, öfke ile yemek kilo aldırır. Bedende belirli yerlerde yağ birikimi de semboller taşır: belde fazlalık aşırı fedakarlıkken, sırtta olması geçmişi bırakmamak demektir... Olumlama ve telkinler çok önemlidir "hızla zayıflıyorum, az yiyerek doyuyorum, ben zayıfım" gibi kendi telkin ve olumlamalarını yaz, bunları kendi sesinle kaydet ve dinle.

MAVİ BİR TABAK al yeni ve 21 gün sadece bu tabakta yemek ye her öğünde, tabak orta boyda olsun. Mavi renk sana enerji verip sendeki iştahı azaltacak. Tabağa ilk kullanımdan önce hem zayıflama niyetini yükle, hem de 1111 kere YA KABİD okumuş ol üzerine doğru.

ÜST FREKANSLARA GEÇİŞ

Ağzından çıkan başına geliyor, sözlerini seç de konuş daima. Kendini ifade ederken net ol, inanmadığın ya da seni temsil etmeyen konuşmalar yapma. Sıradanlığı kabul etme, özgün ol yani kendin olarak kal. Kendine dürüst ol ve enerjini çalan enerji vampiri profillerle görüşmek zorunda olmadığını hatırla. Daha iyiyi seç ve bu seçimi enerjinle yay etrafına. Bir şeyi ortaya koyarken buna his yükle, hissin yayılmasını sağla. Yayılan his büyüyüp oluşup sana geri dönecek. Hedefine uygun olmayan her şeyi ele. İçsel dünyanı arındır. En çok kendine yatırım yap, birine bir şey verdiğinde aslında iyi hissetmiyorsan, gerçekte bunu yapmak içinden gelmiyorsa yapma.

CAMİ SUYU ÇALIŞMASI

Özel bir çalışma için gidebilecek en yüksek titreşimli yer elbette ki camiler...

Abdest alıp bir camiye git, cami dışında bir yerde veya cam avlusunda bulun.

Abdest alırken kullanılan suyun musluğunu aç ve kısa süre izle "ALLAH'ım senin iznin ve yardımın ile tüm sıkıntımı bırakıyor ve arınmaya niyet ediyorum. Bu su gibi akıp gitsin." şeklinde niyetini et.

Sessiz bir köşede otur. Bir şelale imgele gürül gürül akıyor.

Tüm yaşanmış kötü anı ve olumsuzlukları bu şelalede akan sulara bıraktığını imgele. Akıyor ve gidiyor, senden kopuyor.

Neleri bırakacaksan tümünü suya yükle...

Tam olarak arındığını düşündüğünde, eve dön.

Evde okunacak dualar:

Rahman Suresi, Maun Suresi, Kureyş Suresi, Furkan Suresi, Duha Suresi, Kevser Suresi.

ANAHTAR RİTÜELİ

Bu uygulama evine, ofisine, dükkanına bolluk ve kısmeti taşır.

Buradaki anahtarın üzerine kendi ev veya ofisinin anahtarını koy.

"Hayrıma olacak bolluk ve kısmet enerjisine kodlanıyor ve uyumlanıyorum, en yüksek frekans ve etki için bu gece bu dualar ile bu konuyu mühürledim." de ve ardından anahtar, kitabın üzerinde çizilmiş anahtarın üzerinde dururken oku:

1060 YA GANİ

1001 YA RAHMAN

21 BESMELE

YA HAYY, YA HUU, YA ALLAH

Gece sayfa açık ve anahtar üzerinde dururken yatak yanı başında, bu şekilde uyu. Sabahtan itibaren kodlanmış anahtarınla hayatına devam et…

ATM RİTÜELİ

ATM'ler birçok insan için korku merkezli enerjiler ve bu çok yanlış aslında. Param yattı mı, ya çekemezsem, ya yetersiz para varsa... Bu düşünceler para akışını kapatır. ATM'lere sevgiyle gidip şükür ile yaklaşıp, huzur ile para işlemi yapılmalı.

21 Besmele çekerek git ATM önüne, işlem yapacaksan giriş yap. O anda yapamıyorsan uzaktan yapmış gibi imgele. Hesabında kaç para olmasını istiyorsan bu miktarı nakit olarak elinde var ve hesabına bu ATM'den yatırmışsın olarak imgele. Yatırdıktan sonra 7 kere nefes al ve ver. ATM ekranına doğru kalbinden çıkaracağın yeşil-mor rengi ışığı gönder. "Paraya ve alma enerjisine yaşamımı açıyorum." dedikten sonra oku: 137 YA VASİ.

İNTERNET BANKACILIĞI RİTÜELİ

94 kere YA AZİZ, 136 kere YA MÜMİN zikri yap ve hazırlan...

HESABININ olduğu sayfayı aç.

Gözlerini kapat, ne kadar paraya ihtiyacın varsa o kadar miktarın hesabında olduğunu imgele. Rakamı tam olarak gör. Bu sayfayı ve hesabının olduğu yeri topla kapat, tam bir beyaz ışık topu yap, bu topu "Aldım kabul ettim, hak ettim." diyerek kalbine göm. Çalışmayı gece uyku önce yapıp 21 gece de tekrar edersen daha iyi olur.

Ritüel bitimi hızlandırmak için FETİH SURESİ'ni oku.

GENÇLİK İKSİRİ

Genç olduğunu düşünmek, yaş almadığını hissetmek, çocukluk ve gençlik anılarını taze tutmak, yeniliği sevmek ve takip etmek, bilinçaltına tam genç kalma komutları vermek genç tutar, genç gözükmeyi sağlar.

1 litre suyun içine şu olumlamaları 10'ar kere tekrar et:

"Genç hissediyor ve öyle görünüyorum.

Dinç ve özelim.

Enerjim yüksek, her an yaşam beni yeniliyor.

Tüm enerjim ve frekansım beni bugün de en iyi halimle tutmak için çalışıyor.

Ben, inandığım gibiyim olmak istediğim kişiyim."

OLUMLAMALAR okununca, içine bir adet pembe kuvars kristali koyup ardından suya bu duaları oku:

TİN SURESİ

NUR SURESİ

YUSUF SURESİ

YA MUSAVVİR

RAHMAN SURESİ

EL VEDUD

ER RAFİ

EN NAFİ

EL MECİD

YA MUSAVVİR

Her gece uyku öncesi az az iç ve 7 gecede suyu bitir.

KISMET AÇMAK

2 rekat namaz kıldıktan sonra tövbe et ve TEVBE SURESİ'ni oku.

21 kere Hz. Peygamber adına Salavat getir.

9999 kere YA ALLAH zikri yap.

21 gün devam et...

...

Derin bir kaba 7 bardak kaya tuzu boşalt.

Üzerine 7 gevşek düğüm atılmış halat veya kalın bir ip koy.

İpi tuza bastırıp niyet et.

101 adet üzerine Ayet'el-Kürsi okunmuş su boşalt.

1 gece beklet...

İpteki düğümleri aç ve ipi evden uzak bir yere bırak.

Ayaklarını suya koyup 99 kere YA HAKK de ve sonra suyu toprağa dök.

...

BURÇ SURESİ

ANKEBUT SURESİ

BAKARA SURESİ

KALEM SURESİ

NİSA SURESİ

TAHA SURESİ

Mavi bir kâğıt üzerine oku.

Kâğıt üzerine anne isminle birlikte kendi adını yaz. (Elif kızı Ayşe gibi)

Mavi kâğıdı 21 gün üzerinde taşı ve sonra toprağa göm.

KISMET MEKTUBU

Beyaz bir kâğıda:

Ad Soyad

Anne adı

Doğum yeri

Doğum tarihi

Ve kısmete dair niyetin neyse yaz.

Bakara Suresi'nin ilk 5 ayetini, Ali İmran Suresi'nin ilk 11 ayetini bu kâğıdın üzerine oku.

Kâğıdı katla ve bir zarfın içine koy.

Zarfı gül yağı buhuru ile tütsüle. Yatağının altına yapıştır.

21 gece orada kalsın, bu arada sen mesajcı rüyaları ve işaretleri de takip et.

22. gün zarfı bir kutunun içine koy ve çıkarma, sakla.

...

KISMET KOLYESİ

Mavi ipten bir kolye yap kendine.

Üzerine 77 tane TAHA SURESİ okumuş olacaksın.

Kolyeyi kısmet için niyet ederek tak.

Kaybolunca ya da koptuktan sonraki gelişmeleri takip et.

...

KISMET OKUMASI

4 Cuma günü art arda yapılacak.

Cuma günü öğle ezanı girmeden, 18 tane CUMA SURESİ okuyup niyet et.

KISMET MÜHÜRLEMESİ

Bu çok etkili tılsım ve çalışma; kısmeti kapalı olan, elini neye atsa işi olmayanlar içindir.

Tılsımı ister çiz, ister kitabın içinde kullan ya da fotokopi çek.

Tılsımın üzerine bir tutam kına koy ENAM SURESİ 122. Ayeti 1001 defa oku.

"Şimdi ve tüm zamanlara doğru, geçmişten gelen tüm blokaj ve olumsuz kayıtlarımı sevgiyle bırakıyor, bu tılsımın enerjisi ve Yüce ALLAH'ım senin izninle kısmetimi sonuna kadar tüm zamanlara doğru açıyorum." de.

Tılsımı ister taşı ister kitapta bırakarak çalışmasına izin ver... Sonuca güven.

د	ط	ب
ج	هـ	ز
ح	ا	و

KISMETİN SENİN YARDIMINI BEKLİYOR

Senin kısmetini sana senin kalbindeki ışığın anahtarı açar...

Kısmet kapalılığı, bilinçaltı blokajları, geçmiş yaşam kayıtları, eski anılar, aile karması, nazar, olumsuz enerjiler sonucu yaşamında seni bulmuş olabilir. Kısmet kapalılığında sürekli denemek, aynı şeyleri sil baştan yapmak, korku, panik, inanmadığın kişilerle konuyu paylaşmak işe yaramayacaktır. Konunun ilk oluştuğu günlere gitmek, gerçek kök sebebi bulmak, enerjilerle çalışmak, doğru ritüellerle ilerlemek, dualar ve en etkili tılsımlar kapıyı açacaktır. Bilinç seviyesi derin bir kısmet kapalılığı varsa seni sonuca götürmez. Bilinçaltına tam ve net komutlar vermiş olman gerekir, en etkili dualara sarılıp ALLAH'a sığınman en doğru yol olacaktır. Bu olumsuzluğu kabul etmeden ve çok derinlerde içselleştirmeden güçle yoluna devam etmelisin. Sen, yaşadığın her sorundan üstünsün, ilk önce bunu idrak et. Her ne yaşarsan yaşa, manevi dünyada bir anlamı ve çözüm yolu olduğunu unutma. Her dert aynı zamanda bir dönüşüm çağrısıdır, korkma ve iç dünyandaki zenginliklerin seni feraha çıkaracağına inan. Bütün iyilik kapılarını açacak olan ALLAH'tır, bu derdi yaşıyorsan bu da yine manevi dünyanın seni çağırmasıdır, gücü eline al demektir ve kendini yeniden keşfetme zamanıdır. Maneviyatınla sen kapıları açtıkça, elinden gelen tüm gayreti de gösterdikçe, ilahi irade de senin için çalışmaya başlar. ALLAH, her dilediğini istediğinde her kulu için yapar. İnsanın vazifesi, ALLAH'ı en deriniyle bilmek, çabadan vazgeçmemek, kendi kul hakkına girmemek, hayatına sahip çıkmaktır. Sana verilmiş büyük güç özgür irade kapsamında sen, kendi değerini bilip öyle yaşamak zorundasın. Hiçbir dert veya engele boyun eğmeyecek kadar büyük bir değer ile yarattı seni ALLAH. Her dua duyulur, her enerji etki eder, her eylem bir sonuç yaratır. Bu değişimi kısmetin adına önce sen başlatacaksın, ardından bir akış gelişecek ve sonuca seni taşıyacak.

99 kere YA ALLAH zikri yaptıktan sonra, YA FETTAH, YA AZİM, YA ALİYY, YA KADİR, YA HALİM, YA HABİR, YA MELİK esmalarını 1001 defa söyle ve kısmet açma niyetine gir… ENBİYA VE ENAM SURELERİNİ birer kez oku, ardından 100 kere BESMELE çek ve BURUC SURESİ'ni oku. Son olarak 4 büyük meleğin adını söyle ve mühürle: MİKAİL-CEBRAİL-İSRAFİL-AZRAİL.

KADER VE KISMET

Mutlak kader, önceden belirlenmiş olayların değişmez gidişatını anlatırken, muallak kader insanı yapması gerekenler veya yapabilecekleri hakkında cesaretlendirir. Kısmet ise, önceden belirlenmiş olayların bazılarının aslında değiştirilebilir gidişatı üzerinde durur. Bazı yapacakların değiştirilebilir, kadere etki eder hatta yardım eder. Bazı yapacakların ise zaten seni bekleyen mutlak kadere götürür ki ruh aslında en derinde kaderini bilebilir, hissedebilir. KISMET, yapılacak çalışmanın ve çabanın sonucunda yaşanacakları temsil eder. Hiç çaba olmadan bir kısmet bekleme anlayışı, tevekküle ve insan iradesine yanlış düşer. İnsan iradesinin hiç karışamayacağı kısmetler vardır; cinsiyet, ölüm, dünyaya gelme gibi... Kadere inanan, kısmetine yardım eder. Kısmet, sadece dünyevi konular için değildir ve manevi bir derinlik de içerir. Kadere ve kısmete inanç, ruhu dik ve geleceğe yönelik atılım içinde tutar. İnsan, ALLAH'ın kendisi için oluşturduğu kader programının bu dünya düzeninde zaten en mükemmeli olduğunu bilir. Kısmet ise, çabayı kamçılayan ve daha fazlasını yapmaya sevk eden en güzel enerjidir. Kader, ALLAH'ın yüceliğidir, insanı terbiye eder. Kader, kibirden uzak tutar ve insanın isyankar olmasına mani olur. Kaderi ve kısmeti bilmek, tam olarak idrak etmek sonsuz huzur ve güven verir. Başına ne gelirse gelsin, bu manevi derinlik sana olanlar hakkında bir açıklama ve ahiret inancı doğrultusunda bir denklem sunabilir.

21 gün boyunca her gün 21 defa TAHA SURESİ'ni okuyarak kısmetinin açılmasına ilk önce sen yardım et. Bu

21 gün içinde bu okuma ile kendinde büyük değişimler ve yansımalar göreceksin.

İkinci bir uygulama da FURKAN SURESİ'nin 74. Ayetini yine 21 gün boyunca her gün 100 defa okumaktır. Derinlikle ve farkındalıkla konulara bakıp, sabırla ve daha bilinçli sonuç beklemeni sağlar bu okuma…

2222 kere YA HABİR, YA VEDUD, YA FETTAH isimlerini her gün okumaya çalış. İmanla, inanarak tam bir teslimiyet içinde ve en önemlisi de tam anlamıyla teslim olup niyete de girerek oku…

Tüm Salavatlar da kısmet açma yolunda çok etkilidir…

İŞ KISMETİNİ ARDINA KADAR AÇ

ÇALIŞMA 21 GÜN SÜRECEK, ARA VERMEDEN DEVAM ET.

İlk 5 gün her sabah 351 defa ER RAFİ esması çek.

Devam eden 10 gün içinde toplam 70 kere FETİH SURESİ oku.

Son 6 günde ise her gün: 310 defa YA HAMİD esması çek.

22. gün, TALAK SURESİ'nin İLK 3 AYETİNİ okuyup mühürle.

***

Diğer bir uygulama da yeni satın alınmış ve 1 gece toprakta bekletilmiş akik taşına 551 kere YA MÜTEALİ YA ALLAH zikrini okuyup ofiste veya işyerinde tutmaktır. Çalışmayan kişiler evinde veya cüzdanında da tutabilir.

***

İş alanındaki kısmet kapalılığı yine eski deneyimler, para korkusu, eski mobbing anıları, değersizlik, hedef koyamama, risk alamama, inançsızlık ve eski ilişki kayıtlarından geliyor olabilir. Dua veya ritüel yapmadan önce seni bloke eden nedir, tam olarak bunu bulup ortaya koyarsan daha net bir akış olur.

Cüzdana her gün 196 kere YA VACİD esmasını okumak da para ve bereketi açar. Gizli para ve kazanç korkusu nedeniyle iş yaşamında kısmetin kapalı ise bununla yüzleşmelisin. İş sorunu olarak gördüğün konunun ardında, para veya bollukla ilgili bir sırrın da olabilir. Kıtlık kaydın çoksa bu seni iş yaşamından geri de koyabilir.

***

İşe girmek, işte yükselmek, terfi ya da zam için 7 gün boyunca 7 adet ŞAHMERAN VE CELCELUTİYYE dualarını okuyup niyet de edebilirsin.

***

Suya okunan çalışma: İş ile ilgili tüm beklenti ve niyetlerini suya oku, kodla ve belirt. Aynı suya YUSUF VE KEHF SURELERİNİ oku. 2014 defa YA KERİM esmasını yine bu suya doğru oku ve üfle. "ALLAH'ım tüm beklentilerimi ve duamı sana emanet ettim." dedikten sonra suyu 7 gün içinde azar azar iç ve bitir.

AYIŞIĞI & AYTOZU RİTÜELİ

Çalışma ay takvimine bakılarak Yeniay gecesinde gerçekleştirilecek.

Yeni bir konuda kısmet açıklığı, yeni başlangıç veya bir dilek için niyet et.

1 yumurta alıp üzerine kurşun kalem ile dilek yaz.

Dilek ve niyet kısa ve kesin ifade ile yazılmalı ve olumsuz hiçbir ifade kullanılmamalı.

Yumurta kaynamaya bırakılırken, sürekli dileğine ve dileğin olmuş haline yani sonuçlara odaklan.

7 dakika kadar kaynadıktan sonra, içindeki yumurtayı ertesi sabah yemek üzere ayır.

Kabuklarını soy ve sonra havaneli yardımı ile un ufak et.

Kabukların üzerine biraz un serp ve dileğini tekrar söyle.

Unlanmış kabukları beyaz bir kumaşın içine koy ve gece yastığının altında bu şekilde uyu.

Ertesi sabah çalışmayı odanda güneş veya ışık almayacak bir noktaya yerleştirirken 11 adet Ayete'l-Kürsi ve 1100 adet YA ZÜ'L-CELALİ VE'L-İKRAM zikri yap.

Dilekler olunca unlu kabukları toprağa göm.

KISMET, HER ŞEYDEN VE HERKESTEN BAĞIMSIZ SENİN İÇİN ÇALIŞIR.

KISMET / Tuğçe Işınsu

MAKASLA KISMET AÇMA RİTÜELİ

Tıkanık olan bir konuda bu çalışmaya başvurulur.

Bu çalışma ile tıkanık olan konun hakkında kısmetini açmaya niyet et.

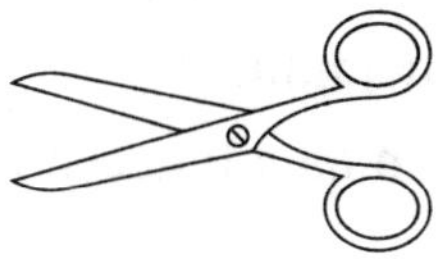

Makas bu çalışmada, kesip atma, kurtulma, cesaret ve hedef gibi konuları simgeler.

Evde geç saat adaçayı yağı ile tütsü yap ve enerji kapısını aç...

Makası da bu tütsüye doğru tut, makas da tütsülenmiş olur.

"Niyet ettim tüm olumsuzlukları evimden, kısmetimden, hanemden, yaşamımdan, ruhsal hafızamdan, tüm kayıtlarımdan kesip atmaya." şeklinde niyet et.

Saat tam 12 yani gece yarısı olunca, makası iki ucu açık ve üstte kalacak şekilde yatak altına koy.

Yatağın altında yerde, iki açık uç tarafı başın altına denk gelecek şekilde yerleştir.

KUREYŞ, KAFİRUN, MERYEM, ŞURA, İNŞİRAH, FİL, FURKAN SURELERİNİ oku.

Gece boyunca mesajcı rüyaları takip et.

Sabah mesajcı rüyaları rüya günlüğüne not al...

Sabah ayrıca, makasın iki ucunu kapatıp evde güneş veya ışık görmeyen yere sakla.

Bu makas, kullanılmaz.

Gün içinde mutlaka bağış yap.

MEKSELİNA VE İMZA ÇALIŞMASI

Mekselina, KUR'AN'da KEHF SURESİ'nde bahsedilen 7 uyuyan gençten birinin adıdır.

İçinde Mekselina'nın da adı geçen bu duayı 7 kere oku:

Bismillahirrahmanirrahim

Allahümme Ya Rabbi ve Cebraile ve Mikaile ve İsrafile ve Azraile ve İbrahime ve İsmaile ve İshaka ve Yakube ve munzilelberekativettevrativezzeburivel incili velfurkani ve la havle ve la kuvvete illa billahilaliyyil azim.

La ilahe illallahulmelikülhakkulmubin. MuhammedünRes ulullahisadikulva'dil emin.

Ya Rabbi Ya Rabbi Ya Hayyu Ya Kayyumu Ya Zel celali vel ikram. Eselüke ya rabbelarşıl azim. En yerzukanirızkan-helalentayyibenbirahmetike ya erhamer rahimin.

Debernuş, Sazenuş, Kefestetayuş, Kıtmir, Yemliha, Mekselina, Meselina, Mernuş. (Amin)

Her 1 okumadan sonra niyetin ve dileğin için mavi bir ipe bir düğüm at. Oldu bil.

7. okuma tamamlanınca 7 düğümlü bu ipi bileklik olarak takmaya başla…

Aşağıdaki imza kutusuna içinden 4 büyük meleğin adını söyleyip MİKAİL-CEBRAİL-İSRAFİL-AZRAİL

"Şimdi ve tüm zamanlara doğru, niyetime ve dileğime sahip çıkıp, bu dileğim gerçekleşince tüm sonuçlarını ve etkilerini, kendimin, herkesin her şeyin hayrına kullanacağım." diyerek kutunun içine imzanı at ve konuyu mühürlemiş ol.

MİKAİL

CEBRAİL

İSRAFİL

AZRAİL

ASA RİTÜELİ

Bu çalışma, farkındalık, güç, zorluğu aşmak, bilgelik, kudret, liderlik gibi dilek ve amaçlarda etkilidir.

Tılsımın ve asa figürünün üzerine SEBE SURESİ ve 150 kere YA ALİM oku, niyet et.

Tılsımı kalp çakrana bastır, birkaç dakika bekle. Titreşimi ve ısıyı fark edene kadar tut.

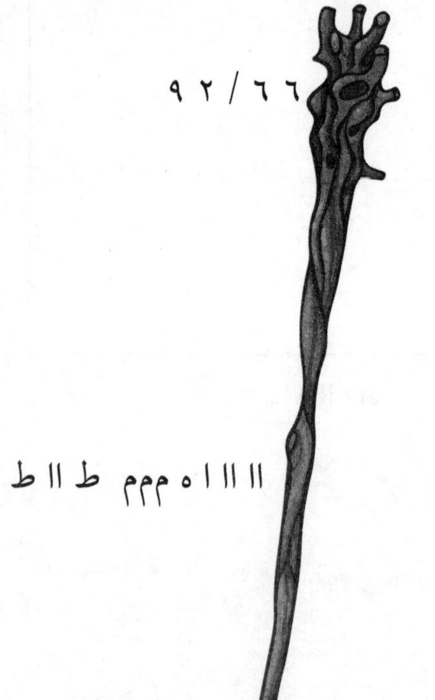

YAZ YAK GÖM RİTÜELİ

Ritüellerde yakmak "ateş" elementidir, yani hızlandırma ve oluşturmayı temsil eder.

Bu ritüelde siyah kâğıt kullanılır ve kurşun kalem.

Bir dilek için uygulama yapılacaktır.

Siyah kâğıda dileğini 10 kere alt alta olumlu cümleler ile yaz.

Dileğine tüm gücünle odaklan, niyet et ve güvenle odaklan.

Kâğıdı 1 gece beklet, beklerken siyahın zıddı olan renkte beyaz bir mum yak.

Mum ışığını seyret ve yine derin bir şekilde dileğine odaklan...

İSM-İ AZAM VE KENZÜ'L-ARŞ DUALARINI birer kez okuduktan sonra, EVRAD-I BEHAİYYE duasını da oku...

Mum kendi sönsün, sen üfleme veya söndürme. O nedenle çok büyük bir mum seçme, kâğıdı yakma işlemini de aynı mum ile yap.

Küller son olarak "güven ve oluşturma" etkisi için toprakla, yani toprak elementi ile buluşacak.

EN BÜYÜK KARAR, SADECE GÖKLERDEN GELİR...

Bu kitapta seni kısmetin şifreleri ve gizemli kapıları ile buluşturuyoruz. Kısmete çıkan tüm yolların sana çıkmasını diliyoruz, hem kısmete ulaşmanı hem bu yollarla maneviyatı ve içindeki bilgeyi tanımanı diliyoruz. Kısmetin sana doğru çıkıp yola gelebiliyorsa, bunu dualar ve senin içindeki inanç yapacaktır. Kısmet bir ihtimal değil, manevi bir yol ve sondur. Kısmet, insanın umudu ve hayattaki kamçısıdır. Her kitap kendi kısmeti ile doğar ama bu kitabın senin kısmetin olmasını, kısmetini tüm zamanlara doğru ve tam olarak açmasını dileyerek oluşturduk. Son kararı sadece ALLAH verir.

KEVSER SU MUCİZESİ

Kevser'in; cennette bulunan soğuk, tadı bambaşka, parlak, beyaz, içeni kutsayan ve içenin bir daha susamamasını sağlayan kutsal su olduğuna inanılır...

21 gün boyunca her sabah aç karnına geceden 21 kere içine KEVSER SURESİ okunmuş su içerek niyetini arınmış ve saf bir enerji ile bekle...

Kevser aynı zamanda, hayır ve bereket anlamlarını da taşır.

Bu çalışmayı BEYAZ KUVARS KRİSTALİ ile yapmak istersen, suya üzerine 77 tane KEVSER SURESİ okunmuş taşı koyup o şekilde de içebilirsin.

1 bardak suya 313 adet KEVSER SURESİ okuyup yarısını içip yarısını toprağa dökerek yapılabilecek uygulaması da çok etkilidir. İçmeden önce niyetini net belirt.

Perşembeyi cumaya bağlayan gece ara vermeden 1000 adet KEVSER SURESİ okuyarak bağlı kısmetini açabilirsin.

Gece uyumadan 100 adet, sabah uyanınca yine 100 adet KEVSER SURESİ okuyarak hem arınıp hem de en doğru niyetle yine dileğine ulaşabilirsin.

4 BAŞMELEK

MİKAİL

CEBRAİL

İSRAFİL

ALLAH'ım senin yüce izninle ve 4 BÜYÜK MELEK MİKAİL-CEBRAİL-İSRAFİL-AZRAİL'in yine senin izninle saf ve tertemiz enerjisi ve yardımıyla, bu kitabın da içindeki güçlü etkilerle yaşamımı yeniden inşa edip, dileklerim için bütünün de en yüksek hayrına olacak şekilde yol almaya niyet ettim. Tut elimden ALLAH'ım, kısmetime ışık olan tüm kapıları açmaya niyet ettim. Amin.

Bu sayfanın üzerine elini koy, 4 BÜYÜK MELEĞİN ADINI içinden tekrar et, titreşimi ve enerjiyi elinde hissettikten sonra, dileğin olduğu zaman ne gibi sonuçlar yaşayacaksan bunlara odaklan. Tüm detaylar, hislerin, nerede olacaksın, nasıl görünüyorsun, zaman nasıl, kimler var... Hazır hissettiğinde elini kitaptan alıp önce 3. göz noktana ve sonra da kalp çakrana bastır. 99 kere ALLAHU EKBER! diyerek çalışmanı mühürle. ALLAH kabul etsin.

AZRAİL

İSTEMENİN İÇİNDEKİ ESRARENGİZ ENERJİ

İsteklerinin sonunu takip etme, en yüksek makam ile irtibatta olduğunu unutma. Karşılık bekleme, konu ilgili yere ulaştı, içinde bunun huzuru olsun. Hayatını, senin tüm detaylarını tanzim eden ALLAH, hakkında en doğru kararı verir. Verse de vermese de seni sınar. En hayırlı sonu O bilir, en ilahi zaman da zaten O'nun "Ol" dediği zamandır... Hakkıyla ve tam bir inanış, teslimiyet içinde duanı et. Dua, bu dünya ve ahiret içindir. ALLAH'a güvenen, duasını eksik etmez ve duanın kul ile O'nun arasındaki tek ve en kutsal bağ olduğunu bilerek yaşar. ALLAH sana istediğini lütfederse de yine duanı artır. Duada ısrar etmen de icap eder ki bu zaten kendi içinde bir sınanmadır. Dua edebilmeye bile layık görülmüş olman zaten başlı başına mükemmeldir. Ahiret kazancı için geçici olarak bu boyuttan geçiyorsun. Yüce ALLAH, ŞURA SURESİ'nde de bizlere anlatıyor ki; gerçek kullar "istemeyi" aslında bu boyuttan çok ahiret için kullanmalı, gerçek farkındalık ve en üst tekamül seviyesi budur. Dünya için isteyen dünyevi bazı şeyleri alabilir, ahiret için isteyen dünyevi yüzeysel konulara yüz vermez aslında. Gerçek kısmet ve nasiplerin aslında ahirette olduğunu idrak ederek, bu kitabı okur ve çalışırsan kitap senin de en yüksek hayrına olur. Her olayın içinde muhakkak imtihan var, imtihan için geldiğin yerde sana tek yardım edecek de yine ALLAH'tır. Dileğine giden yolda dua, arkanı sağlam tutar ama çok çile, dert gördüysen de yine sana en büyük ve tek yardım aslında ALLAH'tan gelecektir. Kim iyilik ve inanç içinde olursa, ALLAH elbette o kalpleri en iyi şekilde bilir. Dünya, dinden ve dinin en güzel yanlarından uzaklaştığı için 2020'de bedeller ödedi, insanlık yaptıklarını kendine yansıtarak ihtar aldı. ALLAH emirlerinden uzak düşersen, asıl o zaman güçsüz olursun. Güç başka yerde aranmaz, aransa da bulunmaz. Sevapların sence günahlarından çok mu, bu şekilde mi ALLAH'ın karşısına çıkıp bir istekte bulunuyorsun... Bu soruya cevabın olumsuz ise önce tövbe et, arın, duanı oku ve gereken yenilenmeyi yaşamında başlat. Sen sonsuzlukta yolculuk yapan bir ruhsun, bu dünyada geçici olarak bulunuyorsun. Bu kitabı da enerjini de yüksek amaçlara, değerli amaçlara ve dileklere kullan. Elinden geleni yapman için sana çokça donanım vermiş olan ALLAH, manevi olarak en yüksek gelişmişlik haline ulaşmanı bekler. Fazla dünya sevgisi senin derinliğini yok eder. Huzursuzluk dünya sevgisi artınca olur. Elde edince bazı şeyleri daha mutlu olmazsın, manevi olarak yükselince huzur hasıl olur sadece.

SABRET! ALLAH, İYİLİK EDENLERİN MÜKAFATINI ZAYİ ETMEZ. HUD/115

Görevini tümüyle yap, sonucu ise derin bir sabır ile bekle. Bir an önce sonuç istemek, sonuca giden yoldaki tüm anlam, derinlik, yaşam dersleri ve başka manevi faydaları kaçırmaktır. Yanlış amaçlarla bir konunun peşinden koşarsan, ALLAH sana dileğine giden yolda umulmadık engel ya da başka imtihanlar çıkarabilir. Dileğin kendisinden çok, dileğe giden yolda edinilen bazı başka sırlı tecrübeler bazen daha çok değer taşır. ALLAH, bir kulunu sevdiği zaman ve onun mertebesini yükseltmek istediğinde, onun ilim peşinde koşmasına izin verir. Dileğini dile ama ondan önce kendini tanı, bir kul olarak sınırlarını aş, ALLAH'ın emirlerini bil, oku ve araştır. İman adına hararetli oldukça sen, daha doğru niyet ve dileklerin de peşinde olursun. Enerjimiz değişip dönüştükçe daha farklı amaçlar isteriz yaşamlarımızda. Kim ALLAH'ın emrettiği gibi olursa, yaşamı da o anlamda güzelleşir ve önü açılır. Elindeki her şey geçici ve dünyevi, gerçek değil aslında yanılsama. Bu gerçek olmayanlara tutunup dünyadaki zamanını boşa harcama. Sahip değilsin, geçici olarak kullanansın sadece. Her şey emanettir, ALLAH izin verdiği için geçici olarak kullanılır. Sana emanet edileni hayır için kullanmayı unutma. ALLAH'ın rızasını kazanmak için neler yaptın bugüne kadar, dilek için ALLAH huzuruna çıkarken bunları da düşün. En iyi ve saf bir öz ile burada bulunmaya devam et; teslim ol ve inan. Gerçek temiz kalpleri ALLAH bilir. Kurtuluş da aslında sıkıntı ile birlikte gelir, sabır her şeye tanıklık eder. Zorluklar kolaylık ile gizli dosttur. ALLAH'ın izni olmadan dünyada hiçbir olay gerçekleşmez. Bu kitap o nedenle dualara ve inanca geniş yer vermektedir. İçindeki, dua dışında bölümlerse insanın özgür iradesini, aklını, kendi içsel gücünü harekete geçirmek için tasarlanmıştır. Seni ALLAH'a yaklaştıran, saf ve iyi kılan her şey doğrudur. Pusulan bu olsun. Sen kalbini ALLAH'a dön tamamen, ALLAH da seni en doğru yöne sevk etsin. Bu dünyada hiçbir şey tam olarak senin yalnızlığını gidermez, sadece ALLAH seni tam yapar, güçlü yapar ve ona dayanırsan artık yalnız hissetmezsin. Kalbine huzuru ve gücü sadece tam olarak ALLAH verir. ALLAH senden net ve tam olarak haberdar, neredesin, ne yapıyorsun, nasıl hissediyorsun biliyor... Bir dilek için yola çıktığında, ALLAH senden bencil olmamanı, vermeni, merhamet etmeni de ister. Kıyaslama yaparsan bu seni aşağı çeker ve kaybedersin. Herkese her şey aslında gereği kadar veriliyor, verilenin ardında da zaten başka bir imtihan yatıyor. Haset insan, korku içinde kalır, korku zaten en büyük engeldir. İnsanların sana verdiği değerden çok, ALLAH katındaki yerin çok daha önemli.

KISMET,
DİLEKLERİN
SAKLI OLDUĞU
ANAHTARDIR.
O ANAHTARI,
DUA EDEN
KALPLER, HIZLA
BULACAKTIR.

KISMET / Tuğçe Işınsu

HAMD OLSUN KALBİME İMANI VEREN YÜCE ALLAH'A

ALLAH'ım bende perde ve engel yaratan tüm konulardan uzaklaşmaya niyet ediyorum. Beni yaratan Sen, bana manevi yol ve yolculuğumda gereken tüm gücü lütfet. Kalbimdeki inanç ve nur ile her şeye, her yere bakmayı istiyorum. Ölene dek iman ve derinliğe yatırım yapmam için bana kapıları açmamda yardım et. Aracılardan, yalan ve hakikati bilmeyen kalplerden beni uzak tut. İnancımı hep ve daima perçinle. Yaşadığım her olayı seninle ilişkilendirecek anlayışı bana ver. İmanıma yatırım yapmam için bana güç kat. Her şeyi yoktan var edebilen sen, doğru niyetler içinde olmamı sağla. Senin kudretine her şey yeter, amacımda yanımda ol. Hayırlısı için dua edebilen bir kul olmamı sağla. Her şey Sana bağlı ve Seninle ilgi, bana bunu unutmadan yaşamayı nasip et. Önümden engelleri kaldır, kalbime cesaret ver. Ufkumu ve bakışımı derinleştir, olaylara derin bakmamı sağla. Hep sana dönmem için bana yardım et, rotam hep iman olsun. Bana ne versen hayrıma biliyorum, benim için ne dilersen gerçekte en iyisidir. Acı da versen, iyiliğim içindir. Beni arındırıp terbiye edecek, temizleyip yüceltecek Senden gelecek her şeye kapımı aç. Bana bugüne kadar vermiş olduğun sayısız nimeti idrak etmemi sağla. Evrenin tek ve yüce dengesi SEN benimle olduğun için ne büyük güce sahibim aslında. ALLAH'ım amin.

EVLİLİK CÜZDANI RİTÜELİ

Yukarıdaki temsili evlilik cüzdanı görselini de kullanabilirsin, kendin de çizebilir ya da beğendiğin bir görseli fotokopi de alabilirsin. Boşlukları sembolik olarak doldurabilirsin. Burada önemli olan saf, iyi niyet. Cüzdan sayfasının altına imzanızı atıp "Ve öyle de oldu." dedikten sonra, bu sayfanın üzerine hayal ettiğiniz kişi ile en mutlu anlarınızı üst üste koyup mavi bir ışık ile erit. Sonra kalp çakrandan bu sayfaya doğru sürekli EL VEDUD EL CAMİ esmalarını zikrederek evlilik, nikah sahnelerinizi canlandır, oldu bil. Son olarak, ikinizi imgeleme yolu ile karşı karşıya getir, kalın ve sağlam bir halat ikinizin kalbinden geçiyor. Senin kalbinden onda doğru geçen bu halatı imgeleyerek 1130 KERE "YA ALİYY YA AZİM" okuyup 1 kere de TAHA SURESİ oku. Halat imge ile yakılır, ikinizi bir yapıp bir ışık topu yapıp kalbinize göm. Bu ritüel kâğıdını sevdiğin bir kitabın "aşk ile ilgili olumlu konulardan bahsedilen bir sayfasının arasına" sakla.

CEP TELEFONU RİTÜELİ

Telefon günlük hayatımızdaki aslında en yakın asistan ve dost, beğensek de beğenmesek de bu bir gerçek. Telefonla haber alıp, onun içindeki bir mesajla sevinip ya da heyecanlanıp, telefonumuzla plan yapıp, havayı kontrol edip ajandamızı belirliyoruz. Telefonunla aranda kurduğun bağ bu nedenle önemli. Senden ona enerji geçtiği gibi, ondan da sana geçer. Burada vereceğim uygulama, seni adeta yenileyip şarj edecek, olumlu his yüklemek dışında beklenti, gelişmeler, haberler ve yenilik için de kapıları açacak.

Öncelikle niyet et; ne istiyorsun, neler okumak, kimin sesini duymak, nasıl bir mail ya da mesaj almak istersin.

Telefonunu kapat ve aç.

Kodunu girdikten sonra 7 defa BESMELE çek ve yenilenmeye niyet et.

Açarken, "Şimdi ve tüm zamanlara doğru telefonum ile bağlantılı tüm olumlu ve etkili gelişme ve haberlere niyet ediyorum." de.

Telefonunda en çok hangi programları kullanıyorsan ya da bu dönem hangisi ile ilgili beklentin çoksa (whatsapp, mail, instagram vs...) bunları tek tek açıp, niyet edip her birine YA HAFIZ YA RAKİP esmalarını oku.

Sonra telefonunu masaya koy, iki elini telefona doğru avuç içleri telefona bakacak şekilde tut (telefon ile el arası 10 cm gibi) ve avuçlarından mor ve altın karışımı bir ışığı telefonuna gönder, gelen ve hissettiğin renkteki ışıkları da yine avuç içlerinden başlayarak kendine al, tüm bedenine yay...

Şimdi iki avucunu birbirine sürterek ısı yarat, iki avucunu karşılıklı aç ve bir imgeleme/hayal balonu yarattığını düşün. Tüm beklentilerini bu balonun içine koy: arama, mesaj, haberler, mailler, yani telefonda olabilecek ve seni mutlu edecek her şey…

Şimdi iki elinle bu enerji ve niyet/dilek balonunu imgeleme yoluyla, telefonun ekranına doğru geçir ve erit. Telefonunun içine bu enerjinin aktığına ve yerleştiğine inan.

VE ÖYLE DE OLDU diyerek konuyu mühürledikten sonra: 744 defa EL MUKTEDİR esmasını oku.

ÜZERLİK TOHUMU İLE BAŞARI VE ŞANS

Bir avuç üzerlik tohumu alıp mavi bir kumaşın içine koy.
Üzerine KEHF SURESİ oku.
Bir gece beklet...
Ertesi gün çalışmaya başla ve tam 21 gün sürdür.
Her gün tohumların üzerine 68 defa YA MUHYİ esması çek.
22. gün tohumları bir toprağa göm.

İlk yağmur yağan günü bekle, gömüldükten sonraki ilk yağmurlu günde SAD VE RAD SURELERİNİ oku. Tohumları, niyet edip toprağa göm.

Takip eden 21 günde de aşağıdaki olumlamaları düzenli ve yüksek sesle söyle:

KISMETİM AÇIK.
ALICI ENERJİDEYİM.
BAŞARILI VE NETİM.
GÜVENLE AKIŞI TAKİP EDİYORUM.
KENDİNE VE İÇ GÜCÜME İNANIYORUM.
BAŞARDIM.
HALLOLDU.
KOLAYCA İSTEKLERİMİ ELDE EDİYORUM.
ŞANS BENDEN YANA.
KISMETİMDE OLANI ALIYORUM.
BEN HAK EDENİM.
HERKES VE HER ŞEY BENİ DESTEKLİYOR.
HAFİFLİYORUM, RAHATIM VE EMİNİM.
EN YÜKSEK ENERJİDEYİM.
FREKANSIM YÜKSEK.

KOZMİK ŞİFRE KOZMİK İLHAM

Sen, sana gerçekte nasıl davranıyorsan, hayatına giren insanlar da sana öyle davranır. Her şey senden çıkar ve yansır. İçten başla dönüşümüne. Sen aslında sadece kendinle ve kendine karşı savaşırsın, burada bir kaybeden olmaz yani. Kazanman içinse; seni bu hale getirip sende bu savaşı başlatan her şeyi tüm detayları ile dönüştürmen gerekir. Bahanelere tutunma, bu kitap dolu ve derin içeriği ile seni sen yapmaya geldi. Her bir sayfa, her bir uygulama tüm enerji ve etkisi ile seni destekleyecek. Dene, çalış, inan, gücünü ver ve sonuca ulaş.

DUA EDENİN
DUA İLE İSTEYENİN
HİÇ ŞÜPHESİ VE ACELESİ OLMAZ

Beyaz bir parça kumaşa KASAS SURESİ 10. ayeti oku.

Bir gece yastık altında bu beyaz kumaş ile uyu.

Ardından ertesi gün kumaşa 57 kere AYETE'L-KÜRSİ oku ve 3249 kere de YA MECİD esmasını çek.

Kumaşın içine 13 adet pirinç koy, her birine koyarken niyetini söyle.

Kumaşı kapat.

Çantana koy, yanından ayırma.

KARİYER
MUCİZE SONUÇLARA...

1000 YA BARİ MUCİZESİ: İş ve kariyerinde kötü günler yaşıyorsan bu okumaya 7 gün devam et.

111 İSM-İ AZAM MUCİZESİ: İşyeri hakkında tüm beklentilerini beyaz bir kâğıda yaz, üzerine 111 kere İSM-İ AZAM oku ve bu kâğıdı işyerine sakla.

41 İNŞİRAH MUCİZESİ: 41 sabah boyunca, işe gitmeden önce 41 adet İNŞİRAH SURESİ oku. İşlerinin açılmasına niyet et...

77'li ESRARLI OKUMA: Sabah işe gitmeden önce 77 kere ve gece uyku öncesi 1000 defa oku:

Elif lam mim, Allahu la ilahe illa hüvel HAYYUL KAYYUM la havle ve la kuvvete illa billah.

PARA ÜZERİNE OKU: "Ve barekelena allahümme fi cemi kesebna ila kavlihi. Ve ya men, lenal erzak mincevdetintemmetin." Bu parayı cüzdanına niyet edip koy, aynı gün harca ya da bağışla.

BOLLUK DİLEK İPİ: 7 gün okuyup her gün bitimi ipe bir düğüm at.

101 defa YA GANİ, YA FETTAH, YA REZZAK diyerek düğümü at.

7 düğümlü bu ip, para cüzdanında kalsın.

1000 EL BASİT: Bu esmayı bu sayı ile oku ve tam olarak neye niyet ediyorsan bunu kalemle bir taşın üzerine yaz, taşı kimsenin bulamayacağı, evin dışında bir alana bırak.

SIRLAR VE GİZEMLER

BU OLAYI NEDEN YAŞADIM...

Başına gelen bir olayın iç yüzünü öğrenmek için doğal bir ortamdan bir avuç toprak al ve üzerine 1111 kere YA SEMİ YA BASİR oku. Okuma bitince gece İSTİHARE duasını okuyup, uygulamasını tam olarak gerçekleştirip uyu. Rüyadaki mesajları takip et. Toprağı aynı yere geri koy. Kısa sürede sorunun cevabı ALLAH'ın izni ile sana gösterilecek.

RÜYADA SORUYA CEVAP ALMA...

3360 defa YA MUSAVVİR esması okuyup konuya ve cevaba niyet et.

Uykuda gelen mesajları takip et.

DİLEK İÇİN

111 defa "YA HANNAN YA MENNAN YA DEYYAN YA HABİB YA CAMİ" oku.

1 Fatiha ve 21 Salavat oku. Niyet et...

41 ZEYTİN ÇEKİRDEĞİ

Çalışma 41 gün sürecek.

41 zeytin çekirdeğine 41 defa TİN SURESİ oku.

Her seferinde tek tek dileğini söyle ve odaklan.

En sonunda 42. Gün çekirdekleri toprağa göm.

ARINMA VE KURTULMA

Bir derdi bitirmek için:

7 gün boyunca her gün: 1041 defa YA HAYYU HİNE LA HAYYE Fİ DEYMU MİYYETİ MÜLKİHİ VE BEKAİH YA HAYY oku. Suya okuyup iç...

NE YAŞADIYSAN ÖNEMLİ VE DEĞERLİ. HİÇBİRİ DE TESADÜF DEĞİL.

Başına gelen her olay, seni olman gereken yere taşır. Her insan ve her tecrübe bir fırsat saklar, senin gelişimin için. Olman gereken yere, yaşamış olduklarınla gidersin. İlahi anlaşma ile bir kişi sana çekilir, tesadüf yoktur. Ruh, bunları önceden de bilebilir.

Sevmeyi bil, her yerde sevgiyi gör ve fark et. Her şeyi ALLAH, sevgi ile yarattı ve senin özün de sevgi. Sen sevgisin, sevgiyi aldıkça ve verdikçe sensin. Sevgi ve aşkı bulunca tamamlanırsın çünkü bir ömür aslında tek aranan şey budur. Sevgi, senden istenmeden de ver. Neyi verirsen ve sunarsan, o büyüyerek sana gelecek.

Yaşamın merkezine saf sevgiyi koy. Her başına gelen ilişki, aşk, bağ kurma seni başka biri yapmaya devam edecek. Senin değişim ve dönüşümün için gerekli yaşanmışlıklar vardır; bunları sana aynalık da ederek sunmak için bazı kişiler bu misyonun içinde senin yaşamına çekilir.

Dönüşümün ilişkiler üzerinden sana sunulacak, bazıları iyi, bazıları acılı, bazıları faydalı ve bazıları sarsıcı olacak. Geldiği gibi al, geldiği gibi yaşa. İlişkilerden şikayet ediyorsun ama tam da ihtiyacın olanlar o ilişkilerin içinde senin için gizli. Her ilişkinden sonra, sen değişim göstermiş olacaksın. Sürmesi gerekmez, uzun olması da gerekmez, hizmet ettikleri ve kattıkları önemli. Çocukluğundan eksik kalanlar, sende gizli olanları başkasında görmek, rutinden çıkabilmek, istisna olanları hissetmek ve daha pek çok keşif için ilişkileri kendine çekersin.

Her ilişki ve aşktan sonra, kendinle ilgili derin bulgular ortaya koyacaksın. Zaten o ilişkiyi de aslında bunun için yaşamış olacaksın. Hislerine karşılık bulunca da, bulamasan da manevi eğitimin bu boyutta devam edecek. Yaşayacağın acı ve dönüşümler, bu ilişkiden önceki geçmiş yaşam deneyimlerinle de bağlantılı olacak. Bu ilişki biterken, giderken deneyimlediğin acı, sana başka anlamlarda derinlik ve gelişim katacak. Bağımlılık zindanından kurtulmayı da yine ilişkiler üzerinden bulacaksın kendin için.

Bu ilişkilerin tamamı aslında: senin kendinle olan ilişkin.

KISMET
YOLA
ÇIKINCA,
SENDE
YAŞANAN
TESADÜFLER
ARTAR...

KISMET / Tuğçe Işınsu

SENİN DÜNYAN

Acı: bir şeyin senden gitmesi ile oluşan bir his süreci...

Sen, senin dünyandaki en önemli kişisin. Senin kendinle ve diğerleri ile ilişkin var merkezde. Dünyaya dair heyecanlı ol ve seni neler kendi olman gereken yere yükseltecekse, bunları seçerek ilerle. Kendini kolla ve koru, kendini sev, seni her an ve her an çokça merak eden kişiler olsun etrafında. Kendini besle maneviyatla, yeni bakış açıları bul ve bunları benimse. Kendini ortaya koy, acı gelip kapını çalınca ilahi planla bunu da senin seçmiş olduğun gerçeğini unutma.

Birine dair merakın bittiyse, orada o aşk ya da ilişki bitmiştir. Bu bağ bittiyse ruhun bu kişi ile yapılmış ilahi plan artık eskidir ve bir şeye hizmet etmiyordur. Bitişler de dönüşümlere bağlıdır.

Önceliğin sensin, kabul etsen de etmesen de, anlasan da fark edemesen de. İlk önce, senin kendinle kurduğun ilişki etkili. Senin içinde bir sen daha var; öz sen gerçek sen. Sen, o gerçek senle aslında bağ kurmak için diğer tüm o ilişkileri deneyimliyorsun. Asıl varlığını bulmak istiyorsun. Sürekli olan ve değişime de dönüşüme de ihtiyaç duyan; senin içindeki o öz. Kendini tanıman için her şey. Bu kitaptaki manevi yolculuğun da yine seni sana göstermek, dileklerine seni ulaştırırken tanıman gereken öz seni de seninle tanıştırmak için hep...

Kendinle olan ilişkin sağlamsa, korkma. İç sesin, sezgilerin, manevi derinliğin hepsi de seni gerçek sen yapmak için. Hayat, şans ve fırsatla dolu ama bunları yakalarsan, tutarsan ve yaşamına etkileri yansırsa tüm bunlar anlamlı. Anları iyi takip et, kapını açık tut. Gönül kapın tüm dünyaya ve enerjilere açık olmalı ki akışın net olsun. Hayallerin hayatını anlamlı kılıyor. Kalp evini kendine aç, sevmediğin şeyleri ele, bu şekilde yer açılacak sevdiğin şeylere. Verilen ile yetinmediğini hayat ve bilinçaltın anlayınca, sana yeni kapılar açacak. Hayat hayallerinle kapını çalar, sen de kalp evinde ol. Yetinme ki sana ait olanlar sana aksın. Şükret olana, olmayana ama yetinme: hak ettiklerin ve aslından beklediklerin var. Bir hayal ve dilek, sen onu tüm gücünle sahiplenirsen senin olur.

SORUMLULUĞU ALAN, GÜCE KAVUŞUR.

Neyin sorumluluğunu alırsan, o senin olur. Yaşanmış olanların da sorumluluğunu al ki gücün büyüsün. Eski birçok ve gerçekte işe yaramayan alışkanlıklarını bırakmalısın, dönüşüme kapın açılınca yeni akış da rayına oturur. Kendi içinde yeni bir dünya düzenine geç, iyi bir noktadan başlamak istersen tam da şu an'dan başla.

İsteklerin sana mı ait?.. Bununla yüzleş, dileğinin gerçek olması da işte buna bağlı çünkü. Şu anki senle, olmak istediğin sen arasında büyük fark varsa: sıkı çalışıp, kendine karşı da daha itirafçı olmak zorundasın. Hayallerinden kaçma, senin özün de yine o hayallerinin içinde saklı. Hayal edilebilen ve sorumluluğu alınabilen her şeyi kapsamaya başla artık hem yaşamında hem de kendi iç dünyanda.

Kendine sorular sor, cesur sorular. Samimi ve net, en derinden cevaplar ver: sen kimsin ortaya çıkacak. Geçmişin izlerini sil. Geçmişten gelen düşünceler, bugünün de olmak zorunda değil. Hayal, geleceği inşa etmektir. İnandığın hayallerle uyu, bilinçaltı bunları gerektiği gibi kaydetmeye başlayacak. Umudun kadarsın, umudun kadar varsın. İçinde yaşadığın şimdi'yi taçlandır ve değerini bil. Kendini imgeleme ve hayal gücünle "başka bir şimdinin bile içine koyabilirsin", bilinçaltı tüm bunları kod olarak en derine kaydedince, mucize yolun açılır.

Doğru ilişkiler için sen, olabileceğin en doğru kişi olmalısın. Bu büyük arınma ve kendini özde keşfetmiş olma, sana gereken kişileri çeker. Olman gereken manevi en üst düzeye çıkınca, ruh eşin ya da sana en üst seviyede sevgi verebilen ilişkiler seni bulur. Dürüst ve derinlikli ol kendine karşı.

Olmadığın biri gibi davranma, duygularını da kendini de ifade et. Kendini sev ve kendin için yine sadece kendinden onay bekle. Doğru frekanstaysan, doğru kişi sana gelir. Mükemmel biri yok, mükemmel biri zaten sahte. Sen de mükemmel olmaya değil, tekamülün için en doğru kişi olmaya çalışıyorsun aslında. Mükemmeli aramak yapaydır yani, mükemmeli beklemek ise korku ve kaygı içerir. Seni yıpratan ve yoran her şey senin için yanlış. Gelişime ve değişime açık ol, beklenti için insanlarla zaman geçirme, sadece sevgi için geçir.

SEVDİĞİN KİŞİ HELALİNSE VE BU İLİŞKİ HAKKINSA, SANA GERİ DÖNSÜN:

Cuma akşamı başlayıp perşembe gecesi okumayı bitir.

1. Gece: 71 KEVSER SURESİ VE 400 YA VEDUD
2. Gece: 61 KEVSER SURESİ VE 400 YA VEDUD
3. Gece: 51 KEVSER SURESİ VE 400 YA VEDUD
4. Gece: 41 KEVSER SURESİ VE 400 YA VEDUD
5. Gece: 31 KEVSER SURESİ VE 400 YA VEDUD
6. Gece: 21 KEVSER SURESİ VE 400 YA VEDUD
7. Gece: 11 KEVSER SURESİ VE 400 YA VEDUD

BİR AŞK SANA, SENİ SEN YAPMAK İÇİN GELİR.

Gerçek aşksa sonuna kadar mücadele et.

Aşk, o olmadan yaşayamamaktır.

Aşk, onu yanında bile olsa her şeyden sakınmak ve hep merak etmektir.

Bir aşk bin yaşam dersi ve aynalık etmek için gelir.

Her aşk, ilahi planın parçasıdır.

ÂŞIK ETME

Hak ve helal aşklar için uygulanır.

Saf ve samimi bir kalp ile niyet et.

7 gece boyunca devam et okumaya:

1 FATİHA VE 3 İHLAS okuyup giriş yap…

Ardından 1001 defa KEVSER SURESİ oku.

Okuma bitince sanki o kişiyle sohbet ediyormuş gibi, onu karşına, fotoğrafı ile ya da imgeleme yolu ile getir, ona söylemek istediğin her şeyi ona söyle…

"Seni seviyorum, seni olduğun gibi kabul ediyorum, bu aşkı en saf ve en samimi enerjimle bu gece ve tüm zamanlara doğru mühürlüyorum. ALLAH'ın izni ile gerçek aşk bizimle olsun. Sana teşekkür ediyorum varlığın ve bu sevgi için."

AŞKINA NAZAR DEĞDİYSE

Karşı tarafın aşkından, sevgisinden, isteğinden eminsen bu uygulamayı dene. İkinizin arasında sana göre bir olumsuzluk yoksa fakat dıştan gelmiş negatif etkiler nedeniyle koptuysan:

7 gece boyunca devam et...

İkinizin resminin üzerine:
KALEM SURESİ
BAKARA SURESİ
FELAK SURESİ
NAS SURESİ
21 YASİN SURESİ
232 KERE YA KEBİR CELLA CELALÜHÜ oku...

İlişkilere değen nazar veya yapılan olumsuz enerjiler de aslında bazen yine ilahi plandan gelen "bir imtihan veya bir yaşam dersi alma yolu" olabilir. Gerçek aşksa mücadele devam eder, âşık olan kişi aşkına sahip çıkar. Sizi sevmeyen, istemeyen kişi için aşk odaklı okuma, tılsım, ritüel yapmak ise hem enerji kaybıdır hem yeri gelince her ikinizin de kul hakkına girmenizdir. Hak ve helal aşklar ifadesini o nedenle her kitabımızda tekrar tekrar kullanıyoruz. Gerçek aşk kazansın. Amin.

İŞ ALANINDA KISMET AÇIKLIĞI İÇİN

Bir avuç temiz toprağa, TEVBE SURESİ 128. ve 129. ayetleri 7'şer defa oku.

Bu toprağı işyeri, ofis, dükkan veya satılamayan bir yer varsa satışı için ilgili yere dök.

***

MAL MÜLK SAHİBİ OLMAK, BOLLUĞU ARTIRMAK İÇİN

41 gece 41 defa MAİDE SURESİ oku.

***

HER ALANDA İLGİ GÖRMEK, ARANAN BİR KİŞİ OLMAK İÇİN

Avuç içlerine bu duayı 7 kere oku, derin nefes alıp ver 7 kere ve ellerini yüzüne sürüp, kalbine koyup evden çık. 21 gün devam et:

"Selamün kavlen min Rabbirrahim. Vemtazülyevme eyyühelmücrimün."

AŞKLA ÇAĞIRMAK

Bir mıknatısa 313 defa "YA VEDUD YA BEDUH YA CEMİL YA CELİL" esmalarını oku.

Bu mıknatısı onun resminin üzerine koy, 7 gece bu çalışmayı onu düşünerek kendi telefonunun yanına koyarak uykuya dal...

***

ARAMASI İÇİN

İkinizin resminin üzerine 2 adet pembe gül yaprağı koy.

750 defa "Estevdiukumullaellezi la tediuvedaiuh" oku.

Okuma bitince, iki gül yaprağını üst üste koy ve bir ağacın dibine göm.

***

İLİŞKİYİ DÜZELTMEK

Onun resmine DUHAN SURESİ'nin 25. ayetini 50 defa oku.

Ardından 1000 defa YA BEDUH çek.

ZORLUKTAN KURTULMA

40 gün boyunca her gün 40 defa "YA MUNKİDE EL HALKA" çek.

Yasin Suresi 8. ayetini 21 defa oku.

***

ZENGİNLİK VE BOLLUK

989 defa YA HAFIZ esmasını ve 100 defa "LA İLAHE İLLALLAHÜ MELİKÜL HAKKUL MÜBİN" duasını bir takının üzerine oku ve bu takıyı sürekli tak.

***

ONU RÜYANDA GÖRMEK İÇİN

1001 defa YA ALLAH, YA ALİM, YA KEFİL, YA VEKİL esmalarını oku.

100 defa da "LA İLAHE İLLALLAH MUHAMMEDÜN RESULULLAH" de.

Onun resmini yastığının altına koyarak uyu...

SENİ DÜŞÜNMESİ İÇİN

21 gece boyunca, onun resmine doğru 40'ar defa AMENERRESULUHU oku. 7 kere de ŞURA SURESİ okuyarak mühürle.

ÂŞIK ETMEK

21 GECE BOYUNCA YATSI NAMAZI SONRASI
70 Salavat
41 Fatiha
41 Duha Suresi oku.

Hak ve helalse okuma yap. 21 gün ve gece boyunca, onunla ve ikinizle ilgili sadece olumlu anılara odaklan.

Onu karşınızda olarak imgeleyip onun 3. göz noktasına doğru "SENİ SEVİYORUM, SENİ YAŞAMIMDA KABUL EDİYORUM, BU AŞKA DEĞER VERİYORUM, SENİ ÇAĞIRIYORUM." de.

DİLEK VE NİYET İÇİN

1000 defa "YA TAHHUÇ VE TAYRİ HUÇ ECİBİ YA RUKİYAİL" de.

Niyetini 7 kere sesli söyle, beyan et.

1153 kere "LEYSE LEHA MİN DUNİLLAHİ KAŞİFETUN" de. Rüyalarını takip et, hem dilek yolculuğuna çıkmış olacaksın hem de mesajcı rüyalarla konu hakkında ALLAH'ın izni ile mesaj alacaksın...

BEYAZ İP

Beyaz bir ipe FATIR SURESİ ilk 2 ayetini oku ve 2 düğüm at.

Bu ipi yanında taşımaya başla, KISMET AÇMAK içindir...

SENİNLE BAĞ KURMASI İÇİN

Perşembeyi cumaya bağlayan gece, 312 kere "YA BEDUH EL FERRUH İLA ER RUH" dedikten sonra, 120 kere de BESMELE çektikten sonra "MİN ZALİKE BİLLAHİ MİN SEDDETİN LEKE" de... Çalışmayı yaparken önüne onun resmini koy.

KÜP ŞEKER

Onun resminin üzerine bir küp şeker koy.

Küp şeker, hem muhabbet sembolüdür hem de kristal içeriği olduğu için telepatik bağ kurmayı sağlar.

Bakara Suresi ilk 12 ayetini oku.

100 kere "YA SEMTİ İNNUR ECİBİ YA RUHAYAİL" de.

36 defa ŞEMHÜREŞ de, 77 kere de AYETE'L-KÜRSİ oku.

Resmi şekerle birlikte kapat, kaldır.

BAŞARI, BOLLUK, HEDEF VE YÜKSELİŞ İÇİN

1306 defa "YA CEBBAR YA ZÜL CELALİ VEL İKRAM"

1106 defa "YA ZAHİR"

7 FATİHA SURESİ

11 İHLAS SURESİ

1 SECDE SURESİ oku.

SANA BİRİ,
BİR ŞEYİN
İMKANSIZ
OLDUĞUNU
SÖYLERSE, KISMET
BİR KÖŞEDEN ONA
SADECE GÜLER.
KISMET, ONU
GÖNDEREN
"GÜCÜ" BİLİR.

KISMET / Tuğçe Işınsu

GÜÇLÜ NİYET ÇALIŞMASI

ALİ İMRAN SURESİ 18 ve 19. ayetleri 21 defa oku.

100 adet İHLAS SURESİ, 21 Salavat oku.

1000 defa YA HAYYU YA KAYYUM de.

100 defa da "YA İLAHİ ENTE MAKSUDİ VE RİZAİKE MATLUBİ" de.

9 defa da ŞURA SURESİ 19 ayeti 9 defa oku.

EVLENMEK İÇİN

7 adet TEBBET SURESİ oku.

21 adet KEVSER SURESİ oku.

25 defa "YA TAMME FELA TESİFÜL ELSÜNÜ KÜLLİ KÜNHİ CELALİHİ VE MÜLKİHİ VE İZZİHİ" oku.

HACET İÇİN

"YA MUZİLLİ KÜLLİ CEBBARİN Bİ KAHRI AZİZİ SULTANİHİ" 2050 defa okuyup istenen konu hakkında niyete gir.

Ardından da 40 defa NASR SURESİ oku, mühürle.

İŞLERİN AÇILMASI İÇİN

350 defa ALİ İMRAN SURESİ 73. ayeti oku.

7 defa SALAVATI NURUL ENVAR duasını oku.

3 kere de "SEFKEYLİ YALİN EHHİYANİN LA İLAHE İLLA HÜVE" de.

Büyük düşün, sen büyük düşünmenin esrarına kapıl ruhunla. Yeni bir sen için gereken her şeyi yap ve gereken her şeye de inan. Sen her şeye layıksın, tam ve bir bütün olarak yaratıldın ALLAH tarafından, kendini sakın değersizleştirme. Hayat senden neleri aldıysa inan hepsi eğiticiydi ve senin için gerekliydi. Sakın isyan etme, her olanın içindeki değeri bul, anla, keşfet. Daha güzeli, sen tekamülünde gereken basamağı aşınca zaten seni bulacak. Her kaybettiğine şükredeceğin gün gelecek. İstediklerin mi olmuyor, o zaman anla ki ruhunu ihtiyacı olan başka şeyler oluyor aslında. Tesadüf yok, ilahi seçimler var. Hayat aslında hep olması gerektiği gibi akıyor tüm ihtişamı ve manevi derinliği ile... Hayat her an sana farkındalık sunmak için iş başında. Hayat birçok kapıya sahip, bir kapı kapanır kapanmaz yenisi açılmaya hazır, yeter ki sen hâlâ o kapananın ardından bakma. Sen kalbini açınca ve görmeye hazır olunca, binlerce vesile sana adeta akacak. İnandığın her şey, zaten her şeyden bağımsız ilk andan itibaren senindir. Bir niyete girince sen, elbette ki dürüstlüğün de samimiyetin de o konuya olan bağlılığın da sınanır. Hayat, daima "manevi anlamda" daha iyisi adına çalışır. Her olay bir diğerine bağlıdır, her ruhun başka ruhlarla görünmeyen bağı vardır. Güvenle bekle dileğini, onu sen gerçek yapacaksın. Hiç ummadığın vesileler sana yolları açacak. Kendine çok iyi davran, iyi iyiyi çekecek. Neye inanmışsan onu alırsın.

Fırsat zaten krizin içindedir, krizle birlikte sunulur.

BİR ŞEYİ İMKANSIZ GÖRÜRSEN, BİLİNÇALTI SANA BUNUN İMKANSIZ OLDUĞUNU KANITLAMAK İSTER. SEN MUCİZEYE İNAN!

Sen mucizeye inan, durumun ve koşulların ne olursa olsun. Kalbini oraya koy, gerisi gelecek...

Gerçek değerini sen keşfedene dek, bu yolculuğun da sürer. Yolu bırakma sen, işaretleri takip et. Şikayet eden kaybeder, ruhunu yükselt şükür ile. Değerini sadece sen belirlersin, onay bekleme onay sende. Kimden değer beklersen bekle, onayı ise sadece kendinden bekle. Onayı sen verince zaten göreceksin; değer verenlerin de ne çok artıyor. Dışarıda aranan her mutluluk hem sahte hem yanıltıcı, geçici. Özde ve içte aranan her şey geliştirici ve öğretici. Yönetilme, sen önce kendini yönet. Etki altında kalma, etkiyi sen yarat. İçte başlat enerjiyi ve aksın dışa doğru.

Şu an ne oluyorsa, neyin içindeysen: senin için en iyisi o. İlahi kurgun öyle yapılmış ve bu şekilde en iyi seviyede sana hizmet ediyor. Değişim seni ileriye itiyorsa, olmuştur. Yaşamı anlayan, olanı olduğu gibi alır, sorumluluğu da alır. Olanı sevmek, kabule geçiş ruhu yükseltir. Mutluluk, başarıdan önemlidir. Her gün fırsatla doğar, kendin olma sözü ver kendine her gün doğarken. Seni mutsuz eden her şeyi aslında bir adım atarak bitirme yoluna girebilirsin. Sana sen gerekiyorsun, sana senden çok gereken bir insan yok. Değişimi kimseden bekleme, onu sen başlatacaksın.

Her şey geçici demek ki o acı da geçici. Merkezde sen olmalısın, kendini hayatın merkezinden çıkarırsan kayıplar başlar. Başkalarına yaptığın her şeyi kendine de yapmış oluyorsun. Her eylemini tart. Acılara sahip çık, onları gömme ama onlarla yüzleş. Acı; yol gösterir. Birçok insan nefes alıyor ama yaşamıyor. İçinde kim olduğunu bilmiyor, içeride önce kendini keşfet sonra akış değişecek.

Acılardan kaçarsan, sonunda çöküşlerin büyük olur.

Sen yüzleşerek büyüyeceksin.

POTANSİYELİNİ KEŞFET, AMACINI NET ORTAYA KOY.

Önce kendi potansiyelinin sen farkında ol, sonra bu enerjiyi yaymaya başla.

Bir şeyleri gerçekleştirme cesaretin olsun, yoksa bu cesaret sende: nedenini bul.

Tüm blokajların değişebileceğine inan.

Dış dünyadan değil, iç dünyandan başla.

Kendini keşfet, tüm yönleriyle kendini aslında bilmiyorsun.

Geçmiş mutluluk ve başarılarından güç al.

Sadece olumlu düşünmek değil mesele, gereken yüzleşmeleri yapıp kaçmadan keşfetmek ve sonra olumlu düşünmen gerek.

Olumsuz telkinleri asla ciddiye alma.

Sana iyi gelmeyen enerjideki kişileri gönder.

Dışsal etkilere karşı savunmasız kalma.

Gündelik içsel konuşmalarını ruhun dinliyor, kaydediyor. Olumsuz iç sesleri kes.

Zamanını iyi yönet, burada kısıtlı zamanın var.

Kendine zaman ayır.

Hayal kurduğun konular hakkında araştır, enerji olarak bu konuların içine girmiş ol.

Dünyaya fayda sağla, bu zaten kendin için de yapacağın en iyi şeylerden biri.

İste ama hiçbir şeyi kovalama, kovalanan her şey enerji olarak senden kaçar.

Dikkatini her an dileğinin üzerinde tutma, bıraktığın bir anda hiç beklemezken kapını çalacak.

Çaba da emek de yormaz, inanmamak yorar.

Mucize, sen ona inanırsan var.

Hayat, senin ona kattıklarındır.

Her karanlık aydınlığa çıkar, mucize hayal değil hayatın ta kendisidir.

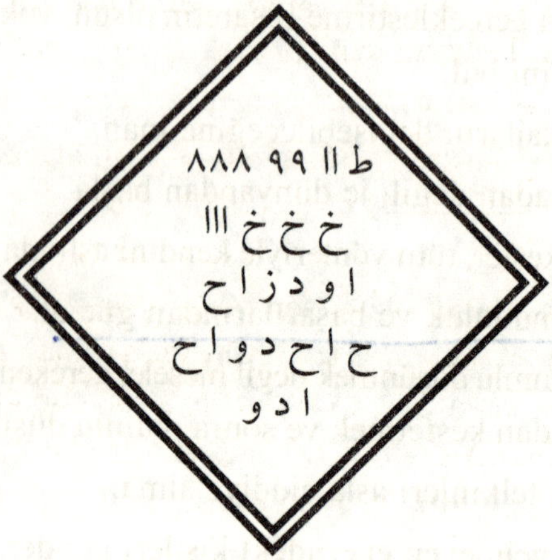

ACI, ÜST YAŞAM FREKANSINA GEÇME KAPISIDIR

Hayatında birçok acı var. Hepsi sana yol göstermek istedi, ne kadarını aldın?.. Ne kadarını sorguladın, ne kadarı ile yüzleştin?.. Acı, seni sen yapar, senin için özeldir. Acıdan kaçan herkes, kendine yeni büyük acılar yaratır. Gerekenler o acılardan alınırsa, konu tekrar etmez. Feryat etme, isyan da etme "bunu neden yaşadın, sana neyi anlatmak için geldi" bunu bul. Acıdan anında kaçıp, bunu erteleyip yaşayamazsan "bu yarım kalan durum, seni başka bir yerde yeniden yakalar". Acıya anlamı katıp, değeri sen verip onu o şekilde yine sen serbest bırakacaksın. Acıya layık görülmüş olman, senin ilerleme yolundaki bir işarettir. Zıt kavramlar birbiri ile gizlice dosttur. Acıdan mutluluğa geçilir, acı aslında mutluluğa göz kırpar. Acıyı büyütme, gerekeni al ve devam et. İnişler bu kadar çok olmasa, çıkışlar da asla değer görmezdi.

ACIYI AŞMAK

Her gün 41 adet AYETE'L-KÜRSİ oku.

Her gün 7 kere SALAVAT çek.

Her negatif olayın ardından "Çok şükür bu anıma bile." de ve hemen duanı et.

HADİD SURESİ 3. ayetini her gün okumaya devam et.

AHKAF SURESİ 15. ayeti her gün 3 defa oku.

BİR İLİŞKİN OLMADAN YAŞARSIN FAKAT "KENDİN OLMADAN" YAŞIYOR SAYILMAZSIN.

2020'de bir dönem bitti ve bir dönem başladı. İnsan artık kendini tanımak istiyor, gücünü ve sınırlarını zorluyor. Enerjiyi keşfedip artık tüm gücünü kullanmalısın. Dönüşümün içinde sen de yer alıyorsun, dönüşümünü sen içinde başlatıyorsun. Uyanışını başlatırken sen, bu kitap rehberin olsun dilerim. Uyanışın senin yeniden yapılanman olacak, direnmeyip uyumu seç ve akışı takip et. Bu yolda rehberin iyilik, sevgi, spiritüel yaşam, farkındalık, sezgi olacak. Her seçim, hayatına yön verecek. Rehberin, ruhun olacak. Mücadele edenler kazanacak, geçmişte kalan ruhlar yeniden pişmanlık yaşayacak. Bu yeni dönemle birlikte artık dünyanın herkesin büyük evi olduğu anlaşılacak; ben yok, biz var. Her olan, herkese oluyor, artık insanlık bunu idrak etmek için yaşayacak. Sevgi herkesi eşitleyip bütünleyecek. Yeni enerji ve anlayış "biz" enerjisidir. Yarışlar ise artık sadece kişinin kendisi ile olmalı. Hayatın her zorluğunun aslında eğitici olduğunu idrak et. Vazgeçme, olmadı sandığın o süreçte de başka şeyler öğreniyorsun. Emeğe sevgi kat, saflığa mücadeleni ver, alışkanlıklarının tutsağı olarak kalma. Artık iyi gelmeyen ne varsa; sevgi ile kaynağına yolla. Dünyadaki cenneti ve cehennemi de insan deneyimliyor. Sorgula, çıkarım yap. Gün içinde çok fazla değersiz konu ile meşgul olan insanların senin de enerjini çalmalarına izin verme. Geçmiş ve gelecek, aynı yerde toplanıyor, her şey yeniden düzenleniyor. Hak etmeyen, iyi gelmeyen hiçbir şeye değer vermek ya da anlam yüklemek zamanı değil artık. Kendine yabancılaşmıştın uzun zamandır, artık arınma zamanı, dönüş zamanı. Kendine dürüst ol ve kendine derin sorular sor. Yeryüzündeki tüm karanlıkların aydınlanması gerek, bu konuda sen de üzerine düşeni yap ve başlat enerjiyi.

YILDIZ YÜKSELTEN ÖZEL OKUMA, 7 GÜN DEVAM ET:

21 AYETE'L-KÜRSİ

351 ER RAFİ, 228 YA MECİD, 188 YA AZİZ, 551 YA MÜTEALİ,

1020 YA AZİM, 662 YA MÜTEKEBBİR.

ONU İKNA ET

HAK VE HELAL KONUDA, iyi niyetle ve sonu hayırlı olacak konu için uygulanır.

Bir kişiyi ikna etmek için bu okuma uygundur.

Önce karşılıklı konuşuyormuşsun gibi kişiyi karşına getir.

Bunu imgeleme yani hayal etme, canlandırma metodu ile yap.

O kişiye istek ve niyetini anlat…

Kendi kalp çakrandan bir ışık tüpünü onun 3. göz noktasına doğru çıkar.

Bu tüpün içinden güzel, saf, samimi enerjini ona doğru geçir.

Mavi ve beyaz renk ışıklar gönder…

Hazır hissedince: 30 kere SALAT Ü SELAM ve 170 defa DUHA SURESİ oku, onun resmine doğru.

Gece yastık altında onun resmi ile uyu.

Sonucu takip et…

Bilinçaltı, senin düşüncelerinin toprağı ve kökü. Hakimiyeti yaşamında ele alman, bu kitaptaki bilinçaltı bölümlerini iyi anlaman ve dönüştürücü hamleler yapmanla ilgili. Her türlü olumsuzluk, bilinçaltının gücünü bilmemenden kaynaklı. Bu güce sahipsin ve bu senin hazinen. Bilinçaltı sınırsızca, her şeyi bilir. Bilinçaltı duyarlıdır ve her şeye cevap verir. İnsanın en büyük gücü kendi olması ve taklitten kaçınmasıdır, mukayeseden de. Sen, özgür ve özgünsüz, buna bilinçaltını da tam olarak katarsan çalışmalarında etkili sonuçlar alırsın. Bu kitap ve içindeki tüm gizemli, spiritüel çalışmalar aynı zamanda senin bilinçaltına da doğru komutları verip tetikleme yapacak. Düşünceni yoğunlaştır buraya. Korku bazlı olumsuz olan her şeyi bırak; dönüşümüne sen kapıyı aç. Kendini ve içsel gücünü küçümseme. İnançların seni belirler, sınırlı olmayı bırak. Geçmişte olan her şeyi affetme yolu ile serbest bırak. Sonsuz kaynaklar, senin onları kullanmanı bekliyor. Düşünce hem üretir hem de yönetici güçtür. Düşünce gerçek oluyor demek ki geri kalan hayatını aslında olmasını istediklerini düşünerek geçirmen gerek. Her inancın bilinçaltında kayıtlı. Farkında olmadan kendini hipnotize edip bilinçaltı kayıtları oluşturuyorsun. Düşünce bilinçaltına giriş yapar ve ardından bir kalıp oluşup gerçek bir deneyime akış başlatır.

MUCİZEVİ OKUMA

21 gün boyunca her gün 1111 defa HİCR SURESİ 95. ayeti oku, tüm dilekler için kapı açan çok etkili özel okumadır.

YASİN MUCİZESİ

Niyet tutup dileğin için önce 51 tane YASİN SURESİ oku ve okuma bitince de 7 defa ALİ İMRAN 154. AYETİ okuyarak konuyu mühürle.

PEYGAMBER KILICI

Çok özel ve sırlı bir bitkidir.

Satın alıp niyet edip bu bitkiyi eve al.

Çiçeğe bakarken, evde asla kavga veya gürültü olmamalı.

Ev, enerji anlamında arındırılmış olmalı.

Çiçeğin üzerine niyet ve dileğini söyle, her çiçeğin seni hissettiğini, onun da özel bir canlı olduğunu unutma.

Her su verişinde dileğini yine belirt.

Çiçeğin eve gelişinin 7. gecesinde:

7 adet CELCELUTİYYE oku, dileğin sonucunu bekle.

ENBİYA SIRRI

Gümüş bir yüzüğün üzerine her gece ENBİYA SURESİ 79. AYETİ 40 defa oku.

Bu yüzüğü tak ve yaşamında tanık olacağın esrarlı konulardan yaşam dersleri almayı hedefle.

YARA ALDIĞIN
YERDEN
BAŞLAYACAK
ZAFERİN...
KISMET, SENİ
TAM DA YARA
ALDIĞIN YERDEN
BULACAK.

KISMET / Tuğçe Işınsu

GİZEMLİ OKUMA

Her okuma ve zikir, derin bir anlam ve etki taşır. Her yapılan okuma ayrıcalıklı bir titreşime ve yayılan bir enerjiye sahiptir.

AŞAĞIDAKİ OKUMAYI YAPINCA, MERAK ETTİĞİN KONUDA CEVAPLARI ALIRSIN:

ALİ İMRAN SURESİ 71. AYET
BAKARA SURESİ 72. AYET
ENBİYA SURESİ 110. AYET
NUR SURESİ 29. AYET
YUSUF SURESİ 37. AYET
7 DEFA ŞEMS SURESİ
7 DEFA TİN SURESİ
7 DEFA NUR SURESİ
21 DEFA SALAVAT

KISMET AÇMADA ETKİLİ OKUMA

21 YASİN SURESİ
100 FETİH SURESİ
100 YA FETTAH
18 CUMA SURESİ
1111 ES SELAM
21 İSM-İ AZAM DUASI

33 GÜN UYGULAMASI

33 gün boyunca devam et.
Her gün 33 defa FETİH SURESİ okuyup dileğe odaklan.

GÜNEŞ TILSIMI

Güneş doğarken bu tılsımın üzerine 200 kere "La ilahe illallahül Melikül Hakkul Mübin" oku.

İster tılsımı kitapta bırak, kitapla enerjisi çalışsın.

İster çiz veya fotokopi yap, sakla...

SEN ASLINDA KİMSİN, HEPSİ DERİNLERDE KAYITLI...

Bilincin oluşması, hem bilinçaltı hem de bilinçüstü ile ilgili aslında...

Bilinçaltı hem geçmiş hem de gelecek ile bağ kurabilir. Bilinç, anı belirler. Bilinçaltı geçmişi çoktan depolamıştır. Dev bir depo olan bilinçaltı, seni aslında hiç de zannetmediğin şekillerde de kaydetti. Normal algının çok ötesi ile bu kanallara geçilir ve kayıtlara bakılır. Sezgilerini çok kuvvetlendirirsen bu konulara hakim olursun ve kendini tanırsın. Kendini tanımadığın ve kendi gerçek sınırsızlığını bilmediğin sürece dileklerin için çıkacağın yolculuk da sınırlı kalır. Bu kitap ve içindekiler, sana manevi güç katacağı gibi, sana sezgilerinle ilgili de derinlik katacak. Bilinçüstü kavramı geleceği anlatır. Henüz olmamışı anlatır, saf ve bilinmeyen etkiyi anlatır. En saf bilgi ve enerjilere yine saf bakış ile ulaşılır, bunun için de belki insanlardan belirli dozlarda uzak olman, içe dönmen, arınman, bırakman, oruç tutman, namaz ve dua ile olur. Dualara ruhunu dönen kişi, elbette bilinçaltı yolculuğunda da daha başarılı olacaktır. Bilinçüstünde saklı gelecek, niyet ve dileklerin gücü, hayaller vardır. Doğduğun andan itibaren, sana söylenen ve yapılan her şey bilinçaltına kayıt girildi. Bugün kimsen ya da ne tip bedeller ödüyorsan, sana bunlar çocukken yapıldı. Bilinçaltı sorgu sual olmadan, kendine yollanan her şeyi alıp kabul eder. Eğer bir konu bilinçaltında farklı şekillerde çok bastırılırsa, hayatların içinde yaşam akarken beklenmedik şekillerde ortaya çıkar. Bastırılmış anıların hepsi, duygularımız üzerinde saklı etkilere sahiptir. Bilinçaltı kişiseldir. Zihin devre dışı bırakılırsa, bilinçaltı her şeyi hatırlayabilir. Görmek için gözlerini kapamalısın her şeye, bakarak gördüklerin tam da ihtiyacın olanlar değildir çünkü. Bilinçaltı, aradan çok zaman da geçse kaydı tutar ve unutmaz, olayı çağrıştıran bir olay yaşanınca tekrar duyguyu açığa çıkarır. Senin, farkında olmadığın bir boyutun ve esrarın var yani. Bilinçaltındaki tozlu, eski kayıtlar bilinçli davranışlarına yansıyor. Subliminal, gizli telkin içeren mesajlarla belki de istemeyeceğin tarzda bir gelecek inşa ediyorsun. Değişim aslında elinde, o gizli kutuyu açmalısın. Bilinçaltı aslında bir program gibidir, her program gibi bu da öğrenilebilir. Bazen bir şeyler baştan bizi iter, sebebi bu tip benzer bir olayı eskiden olumsuz olarak bilinçaltının kökte kaydetmiş olmasıdır.

KAYNAKLA BİR OL.

Yaklaşık olarak, 21 gün boyunca bilinçli zihninizle yaptığınız bir eylem, bilinçaltı tarafından fark edilir ve kayda alınır. O nedenle birçok dua, uygulama, ritüel ve formülde bu 21 kuralı vardır. Yapılan her çalışma dua da olsa aslında bilinçaltı da eşlik ederse, daha derin sonuçlara taşıyacaktır seni. Arınma sadece bilinçaltı seviyesinde başarılır. Gerçekten "olmak ve dönüşmüşlük" içte ve dışta olur, en sonunda zaten bilinç ve bilinçaltı bir olabilir. İç ve dış, en sonunda uyumu yakalar. Derinliklerinde sen de aslında ve gerçekte, ilahi olana kapını açmak istiyorsun. Bilinçaltı da bu konuda yine sana destek olur. Geçmiş, bugün, gelecek... Bilinçaltı tüm bunlarla bağlantı kurabilir. Doğum anında "kolektif bilinçaltı" ile bağ kurup anı ve kayıtları çekmiş olan sen, bilmediğin enerjileri de taşıyabilirsin. Bilinçaltı, tüm boyutları bilebilir. Tüm tarih ve insanlığın ortak bilgi havuzu ile bilinçaltı irtibat kurabilir. Bunlar derin yollar ve irtibatlar olup, sen manevi yolunda ilerledikçe bunları sırlar ile kendi hayatında da çözümleyeceksin. Evrende senin de bir izin var, bu dünyaya doğdun ve küçük veya büyük bir iz bırakacaksın sen de. Bilinçaltı boyutsaldır, kişiye derinlikle aynalık edip çok sıra dışı ve aslında net cevaplar da verebilir. Derin bakarsan, kendini bu yolda eğitirsen ortak bilgi havuzundan, kolektif bilinçaltından bilgi ve ilham da alırsın. Bilgi, ortak bu ortak havuzdan senin bilinçaltına akıyor.

SAF VE ARINMIŞ olursan, benzer enerjiler birbirini çektiği için sana da istediğin şeyler çekilir. İlahi olanla bağ kur. Yansımalarını olayların içinde ve hayat akışında, takip et. Gökte ne varsa yerde de o var, yerde ne oluyorsa her yere de yansır. Kaderine ve kısmetine, ruhunu almaya açarak sen yardım edeceksin. Senden çıkan yine seni bulur. Yansıttığını keşfet. Dönüşüme niyet et.

KADERİN DE KISMETİN DE BİLİNÇALTINDA SAKLI

Gün içinde pek çok olumsuz cümleyi tekrar edip bunları bilinçaltında yine sen köklendiriyorsun. "Yapamam, olmaz, beceremem, şansım yok, yaşım geçti" gibi... Düşündüğün ve ağzından çıkan her şeyi bilmek fark etmek zorundasın. Bilinçaltı senin bu kayıtlarına daima tepki verir, sonuç sunar. Senin kalıplarını bilinçaltı kabule geçer. Bir soruna odaklanınca, bilinçaltı bu yönde çalışmaya başlar.

UYGULAMA:

Kendi güncel bir resmini tam karşına koy.

İki gözünle önce resimdeki sol gözüne 7 saniye, sonra sağdaki gözüne yine iki gözünle 7 saniye bak.

Ardından resimdeki senin 3. göz noktana bakarak:

"Dönüşüme niyet ediyorum, arınıyorum, yeniden başlıyorum, korunuyorum, istediklerim oluyor, enerjimi doğru ve net kullanıyorum, başarılıyım." de.

Bu çalışmayı yine 21 gece, tam uyku öncesi yapıp mucize sonuçları yaşamında takip et.

Bir şeyin peşinden gitme cesaretin varsa; o şey senin olabilir. Sahip olabilmen için: önce zaten sahipmişsin gibi yaşaman ve öyle davranman gerek. Çok isteyip çok inanıp, gereken ve elinde olan tüm adımları atmış olman gerek. Sabah ilk bu konuyu düşünmen, geceyi uyurken son olarak bu konu ile kapatman gerek. Kendini neye adarsan, unutma ki o büyür ve gerçek olur.

Varlığını ve yaydığın etkiyi, enerjiyi değiştir ki geleceğin değişsin. Geleceğin, geçmişinin aynısı olmamalı. Sen ilerlemelisin. Aynı düşünüp aynı hissedip değişik bir son olmaz. Enerjini, yaymakta olduğun enerjini değiştir. Düşünme ve hissetme şeklini olumluya çevirip tam da olmasını istediğin hale sokunca, tüm sonuçlar değişir.

Artık bırak "umuyorum, istiyorum, bakalım" gibi ifadeleri; inançla başlayan ifadeleri hayatının merkezine koy: EMİNİM, OLDU, BAŞARDIM, KESİN gibi... Kendinle yaptığın iç konuşmaların çok etkilidir yaşamında. Düştüm diye de hemen pes etme, yeniden kalk ayağa. Her şey öyle hemen bitmez, yeniden dene. Bilinçaltı senin ne kadar ikna olmuş ve ne kadar kararlı olduğunu bilmeli. Cildine, bedenine, giysine, yediklerine ne kadar çok zaman ve para harcıyorsun, bu eforu bilinçaltına ve dualara ayırsaydın kendine göre bir süper güçtün şimdi. Hayat kısa ve çok değerli, kendine yapacağın manevi yatırımlar daha gerçekçi olmalı.

GERÇEK TATMİN VE MUTLULUK İÇİN: HAYATININ MERKEZİNDE SEN OLMALISIN.

Kimin için yaşarsan ilk onda değersizleşip onu kaybedersin, sonra da zaten kendini kaybedersin. Bir insan kendi olup kendini gerçekleştirince mutlu olur, o zaman da zaten etrafında seni mutlu edecek enerjide insanlar birikir.

Başrol sensin, yan rol değilsin.

Bilinçaltındaki olumsuz duygu kayıtları; senin bugününü sabote etmemeli. O kayıtlar senin ama senin kaderin değil. Seni hasta da eden iyi de eden, bolluğu ya da kıtlığı seçen, mutsuz veya mutlu eden zihindir. İnanç ve tutku ile sahip çıktığın fikir tüm yaşamına yayılır. Bağlanıp ve kendini adayıp yaptığın şey, mutlaka sonuç verir. Geriye bakan hiç kimse aslında geleceğe doğru ilerlemez. Geçmişi her düşündüğünde iptal et, geçmişin de aynı olmasın diye bunu yap. Negatif inanç ve düşüncelerine karşı çıkmazsan ve onların yanında durursan: sanki onlar aslında doğruymuş gibi inanan bilinçaltı yaşamını bloke eder. Senin kalıp ve sınırların ile sistem çalışıyor, unutma. Sen, her olumsuz duygunun yerine olumluyu koyacak güçtesin ve bu devrim sende dönüşümü başlatacak. Düşünce etki eder; bilinçaltı ise bu etkiye yanıt veriyorsa bir tepki geliştirmiş demektir. Yani kayıt oluşmuştur artık orada... Girdiğin kayıtların bazılarının farkındasın, bazılarının değilsin yani bazılarını girip bulman gerek. Başına gelenleri hak etmediğini düşünüyorsun ama değişim için gerçek bir etkili adım atıyor musun... Bekleme, gereken adımı at. Olay, ilişki, deneyim olumsuzsa, bunun gelişini yine bilinçaltındaki bir kayıt sağladı. Başkalarını mutlu etmeye çabalayarak kendin mutlu olamazsın; bu durum sadece kendi değersizliğinle ilgilidir. Korku ve kaygı odaklı yaşıyorsan bu davranışlarını, yaşamındaki sonuçlara da etki eder. Bilinçaltın daima küçük bir çocuktur; onu eğitmeni, öğretmeni, anlatmanı, komut vermeni bekler. Küçükken seni değersiz hissettiren bir olayı yaşadığında, bilinçaltın bu davranışı kayıt altına alır. Bu anılarla yüzleşmek, onları dönüştürüp artık bırakman gerek. Şimdi yaşamının %95'ten çoğunu bilinçaltın yönetir. Bir şeyi umma; o zaten var gibi yaşa. Bunu başarırsan bir süre sonra bunu gerçek sanan bilinçaltı harekete geçer. Bir kaderin var elbette ama bazı şeyler kaderin değil, sadece bilinçaltı kaydın.

DEĞERLİSİN...

Tüm ilişkiler, iletişimler, paylaşımlar, ortaklıklar aslında "değersizlik" baş gösterince biter. Bilinçaltında da tatmin etmen gereken konu aslında değerlilik. Sen değerlisin, sana bunun aksi davranan kişi sana zararlı ve o ilişkiden gidebilmelisin. Sana kötü hissettiren bir şey, senin için doğru olamaz. Bir ilişkiyi, olayı, konuyu, durumu "sürekli konuşur, hakkında şikayet eder, eleştirirseniz" bilinçaltın buna benzer yeni olumsuzlukları davet eder, yani komutu bu yönde alır. Yaydığın enerjinin benzeri sana döner; kimseyi ve kendini eleştirme. Yakındığın konu sana geri döner. Şikayet enerjiden çalar. Soruna odaklanma, hayaline daha çok enerji olarak ve düşünce olarak yer aç. Eski travmalar yüktür, bir yaşam dersi vermiş olabilir, hatta güç de vermiş olabilir fakat görevi bitti ve gitmeli. Geçmişte yaşadığın herhangi bir olayı düşündükçe, beynin o andaki gibi enerji üretmeyi şimdi'de, şu anda tekrar ettirmek ister. İşte geçmiş bu anlamda tehlikelidir, düşünülmemelidir. Geçmişte yaşamak, korku dolu ve hatalı bir sığınmadır. Hayatının ilk ve aslında en önemli bölümünde hayatın bilinçaltına kodlandı: çocukluk. Geri kalan yaşamında, ya o alanı tanımak ya da o alanı dönüşüm için uğraşırsın. Başarabilirsin, sana öyle öğretildi diye o şekilde devam etmek zorunda değil her şey. Alışkanlık: binlerce kez tekrar etti sende, artık ondan vazgeçmem olmaz sanıyorsun ama değişmeli. Yapabilirsin. Bilinçaltına kaydolmuş anılar artık seni otomatik olarak yönetiyor fakat sen oraya girip sistemi değiştirebilirsin. Kendini başkalarını mutlu etmek için feda edemezsin, bu sana yaşadığın bazı olaylar sonucu çocukken hatalı olarak kodlandı fakat bu, sen değilsin. Sen kendi değerini belirlemezsen, başkaları seni zaten değersiz bulur. Bir düşünceyi uzunca zaman bilinçaltına tekrar ederek, onu bir kök inanç etkisine sokarsın. Bugün kimsin: dün hakkında düşündüğün kişisin! Bilinçaltını tanıyan ve onu yöneten; potansiyelini en üst seviyeye taşır. Bu gün neyi çok düşündüysen, yakında ve gelecekte onlar olacak.

EN DİBİ GÖRDÜYSEN, ARTIK ORADA KALMAYACAĞIN KESİNDİR

İyi ve kötü hiçbir şey kalıcı değil, en dipler en iyi eğitmenlerdir. En dibi gören artık orada kalıcı olmaz, yeni zaferler için hazırdır artık. Yükselme zamanın geldi:

İçinde dev bir kaynak var; onunla bağlantıda kal.

Kimseden bekleme, seni senden istemen gerekir.

Hayal gücü senin gücün ve hazinen.

Hak ettiğin, hayal ettiğin yerdesin.

Kıskanma ve kıyaslama, bunlar güç kaybıdır.

Akıl sorma, akıl alma; sende gereken her şey var.

Fırsatlar kaynakta sınırsız ve her yerde, almaya hazır enerji o fırsatları fark eder.

Akıl değil, cesaret sonuca götürür. Sen cesursun.

Korkusuzsan, önünde ve yolunda kimse duramaz.

Her engel içinde onu aşman için bir formülle aslında sana gelir.

Tüm düşüncelerin hareketlerine yansıyor.

Kolayı seçmek korkudur, zora adım atanı evren ve enerji destekler.

Arzu duadır, dua arzu ile perçinlenir ve enerji büyür.

Dün yaptığın seçimi bugün de hâlâ yapma, değişime bugün başla.

Neler yaşayacağın ve geleceğin bilinçaltında; neleri değiştireceğini seç.

Korku kapısından çık, inanç ve olumlu beklentiye geçiş yap.

Kullandığın tüm söz ve kelimeler titreşim yayıyor, etki yaratıyor.

Sıfır ve en dip, sandığından umut dolu, tarihte iz bırakmış birçok ünlü sıfırdan geldi geldiği yere!

İnanç: bilinçaltı ile ilgili, fikirlerin ise bilinç seviyesinde.

Seni eleştirenlere takılma; senin enerji olarak rızan yoksa onlar sana etki etmeyecek.

Dua; kapıyı çalmaktır, duanı et ki kapıyı çalmış ol. İçeri böyle girersin.

Her gece, hayalini düşünüp uyu.

CANLANDIR!

Her gece ama her gece tam olarak neler istiyorsan ve neleri yaşamına çekmek istiyorsan, bunları canlandır. Kimseyi dinleme, buzdolabın boş da olsa, evde yemeğin yoksa bile, otobüse binemiyorsan da, faturan da ödenmediyse devam et: canlandır! Bilinaçltı sözlerden çok hayal etme, canlandırma, olmuş sayma, imge ve görseller ile tetiklenir. Yapabilirsin ve yapması bedava. Çok ünlü siyasetçiler, iş adamları, starlar, sporcular bu yol ile hayatlarını zirveye taşıdı. Canlandırıp var saydıkları şeyler onları buldu. Canlandırma seni öncelikle gevşetir ve iyi hissettirir, bu iyi hissetme olumlu bir enerjiyi başlatır ve sana yeni bir alan açar. Korkarak yaşarsan, kendi hayatını başkasının yaşamıymış gibi uzaktan izlersin ve müdahale edemezsin. Ertelemek, bilinmeyen zamanı seçmektir ve bir kaçıştır. Canlandırma yaparken, her şey şu anda olmalıdır ve zaten varmış gibi davranmak gerekir. Egoya susmasını söyle ve bırak gücün aksın, ego gelip sana "Bunlar işe yaramaz!" derse sakın onu ciddiye alma. Bu dünyaya tek geldin, buradan tek gideceksin, kim ne der zerre önemi yok. Sen, senin için ne dersen o olacak. En iyi olman gerekmez, en iyiler hep kazanmaz, mükemmel gibi görülüp köşede bekleyen de çok insan var. Kazananlar, en çok isteyip en çok arzu ile yola çıkanlardır. Sadece denemeyi bırakırsan kaybetmiş olacaksın. Senin her zaman şansın var. Herkes dünyayı ve kendi dünyasını "inançları kadar" görür. Kendine ait ve layık gördüğün her şey senin olur yeter ki canlandır ve pes etme, bırakma. Kendinden vazgeçme, dünya ve hayat vazgeçmeyenlerin yanında ve onları destekliyor. Şu anki durumun, geçmişteki yine canlandırmalarının sonucu.

Eski ve asla işe yaramayan şeyler nasıl atılıyorsa; artık hizmet etmeyen eski inançlar da atılmalı. Her zaman yeni bir sen için şans var, dönüşümüne canlandırma ile başla. Büyük ruhlar, sadece kendilerini arar. Bu yolda sana iyi gelmeyenlere yer verme, yürü ve ilerle: sen, senin en iyi halini arıyorsun. Eski korku, hayal kırıklığı, pişmanlıklarını sakın artık tekrar tekrar anma ve canlandırma. Kimsenin B planı olma, kimsenin artık zamanlarını dolduran olma, kimsenin ikinci plana attığı biri olma. Değersiz hissettiren her şey ve herkes "gönderilmeyi" bekliyor.

"BİZ, HER İNSANIN KADERİNİ KANDİ ÇABASINA BAĞLI KILDIK." İSRA/13

İstediğin olmuyorsa, sen oraya doğru daha büyük adımlar at. Gelmeyeni de getirmesini bil. Bilinçaltı ve inanç senin dev hazinen, sen yalnız da değilsin ve güçsüz hiç değilsin. Hayaller gerçek olur, bu kitap senin hayallerini ve dileklerini desteklemek için geldi. Kilidi aç.

ŞANS DEDİĞİN, CESUR İNSANI SEÇER... CESARET, AKILDAN ÜSTÜNDÜR. AKILLI AMA CESARETİ OLMAYAN: BAŞARAMAZ.

CESARET başlamaktır ve başarmaktır. Cesur kişi, şansını yoktan bile var eder.

En dibe vurduğun olay ve zaman, sana aslında "sağlam bir yeni zemin" oluşturuyor, seni daha güçlü yapıp geri kalan yaşamında neyle nasıl savaşman gerektiğini gösteriyor. Cesursan, niyetinde de samimisin demektir. Seni senden başkası engellemez, "Bir engel çıktı." dediğin de yine senden, seninle ilgili. Sadece düşünce yetmez başarı ve sonuç için, bu düşünceye cesaret denen o güç dolu duyguyu da ekersen olur. Senin gerçekten aradığın şey de, seni arıyor. Kalbinle ararsan bir şeyi, sana çekilir. Sen kendin olamazsan, kendi olan başkaları senin enerjini hem çalar hem kullanır. Aklını, çabanı, zamanını ve gücünü tamamen kendine, seni inşa etmeye harca. Geçmişini artık anma ve yargılama, bu zaman kaybı ve sana zerre fayda katmayan bir eylem. Yakındığın ve düşündüğün her şey artar, artık kuralları biliyorsun, dikkat et. İçindeki his ne ise, onun karşılığı olan durum ve olaylar sana çekilir. Sana yapamazsın diyen herkese kulağını kapat, işin sonunda hepsi sana nasıl başarmış olduğunu soracak. Bir fikrin varsa, ona hayaller ve anlamlar yükle: bu canlandırmalar sonuca taşıyacak seni. Değişmek, doğru değişmek daha büyük düşünmek ve hayalleri de genişletmektir. Hedefinle senin aranda sadece sahte bir "yapamam" inancı var, yok et gitsin onu. Korkuyla en alt seviyede bir fikre sarıldın çoğu kez, bunu yaparım sandın ancak ama artık değişeceksin. Cesaret gereğinde o yolda para, zaman, enerji de harcamaktır. Korkmadan ve inanmış bir enerji ile yaptığın her şey sonuç getirecek. Korku gerçek değildir, geçmişten gelen hayalî ve kötü bir yansımadır. Korku seninle doğdu seninle artık bitecek. Aslında korkmuyorsun, eski olumsuz deneyimleri hatırlayıp bir anda engeli seçmiş gibi oluyorsun. Cesareti seç. İnanç, arzu, disiplin, tekrar ve adama ile sonuca ulaş.

YÜREĞİN BAZI ŞEYLERİ BİLİR, FAKAT BUNLARI AKILDAN GİZLER.

AKIL KARIŞMASIN İSTER.

CESARET İŞTE ORADA ŞAHA KALKAR...

YENİLENME VE YENİDEN BAŞLAMA

"Tüm ruhumla ve kalben onaylayarak bu an'ı taçlandırıyorum.

Değişimi fark etmeye kalbimi açıyorum, ben bilincimi yükselten her şeye kapımı açtım.

Ruhumun farkındalığı artıyor ve artsın.

Kendi gücümle, ruhumu da özgür bırakarak ilerliyorum.

Tam da bu an itibarıyla, artık kendi özümle iletişimdeyim.

Kendime dönüyor ve bana iyi gelen her şeyi tüm enerjimle net olarak çekiyorum.

Eski kayıtlara dair ne varsa sevgiyle kaynağına gönderdim.

Kabule geçip, farkındalıkla her şeye yaklaşıyorum.

Sadece faydalı ve olumlu olana niyet edip, yaşamımda yer açıyorum.

Kontrolüm ve iradem dışında, bana yöneltilmiş tüm olumsuz etki, bağ ve enerjilerden şimdi ve tüm zamanlara doğru özgürce ayrılıp bunları tamamen bitiriyorum.

Negatif olana tüm kapılarımı artık kapatıyorum, negatif ve bana hayırlı olmayana kapalıyım. Buralardan geleni almıyorum.

Yüce ALLAH, beni seviyor ve kolluyor. Ben O'nun ilahi koruması altındayım, dara düşünce beni kollayan O'dur, ben O'nun varlığı ile korunaklı ve güçteyim.

Koruyucu Işık, beni takip ediyor ve ben dönüşümün çocuğuyum.

Kısmetim açık, benim olan beni buluyor.

Ben kendimle ve kendi hedeflerimle, kendi tekamül yolumda umut doluyum.

Daima her şeyin en iyisine layık olduğuma inanıyorum, almayı biliyorum.

Hep ve daima şükür enerjisindeyim, frekansım hep yüksek.

Şans, para, kısmet, bolluk, başarı, aşk ve sağlık benimle, istediklerim rahatça benim yolumda önüme çıkar.

Sonsuz Kaynak'la ben işbirliği içindeyim, alıcı frekanstayım."

Bu cümleleri bir bardak suya oku. Ardından HİCR VE KEVSER SURELERİNİ de aynı suya okuduktan sonra yarısını akış için, yarısını da oluşturma enerjisi için toprağa dök.

Oldu bil…

KISMET SENDEN ASLA VAZGEÇMEZ, KISMET SENİN YERİNİ BİLİR. KISMET, SENİ EN KARANLIK GECENDE BULUP ÇIKARIR VE ÇAĞIRIR IŞIĞA...

Hayaller, hayat bitmedikçe bitmez, hayallerine sarıl çünkü sen onlar var oldukça büyüksün. Derin bir nefes al ve yenilen, vazgeçme senin içinde eşsiz bir bilgelik yatıyor. Güç sensin, aradığın güce doğuştan sahipsin. Umut ve azim seni destekliyor, Yaradan, iyi niyetli oldukça senin sesini duyar, ES SEMİ'dir O. O, her şeyi duyar, senin duanı da duyar ve dua O'na ulaşınca başlar bir akış. Dertleri çözmek için harcadığın eforu bırak, o enerjini hayallerine, dileklerine ve kısmetine ver. Negatifi büyütme enerjinle, çözmeye bile çalışma ki çözüm kendiliğinden aslında gelip senin kapını çalsın. Hayatını sen kısmetli yapacaksın, kolay ve ihtişamlı bir akışı sen enerjinle destekleyeceksin. Kimsenin acısını, mutsuzluğunu isteme ve bekleme ki senin yolun da hep açık olsun. Her şikayeti bir şükürle, her vazgeçmeyi bir yeni teşekkürle kalbinle mühürle. Gerçek bir ruhsal fayda için seninle buluşan bu kitap, sana rekabet etmemen gerektiğini de anlatmak istiyor. Hayat merkezine kendini al; çok iyi ol ki her şeye, herkese de ışık saçan sen ol. Öyle derin ve çok şükret ki dertler senden utanıp kaçsın, "Bu gönülde benim yerim yok." deyip gitsin. Şükür, şifa akışı ve her şeyi zerrelerle güzelleştirmektir. Her şeyin en kötü gittiği anın bir ötesi, zaferdir. Zafere yaklaştığın için tüm bunları deneyimliyorsun. Ne kadar olumluluğu fark eder ve sahip çıkarsan yaşamında, o kadar büyür çekim alanın da enerjin de. ALLAH, sayısız kapıya sahip ve bir anda isterse açar sana en büyük kapıları. Şans da kısmet de hazır olan her kalbi bilir, o kalbe gelip misafir olur. Tüm maneviyatın ve teslimiyetinle sen hazır ol. Her şey ama her şey sadece enerjidir, sahip olmak istediğin dileğinle aynı frekansa sen uyumlandığın anda artık sen o gerçekliğe ait olursun. O şeyle bir olup, o şeyle akış sağlarsın ve ait olduğun şey senindir artık. Neye aitsen o senindir. Varlığını akışa ve ilahi plana aç ve teslim et. An'ı yaşa, gelecek de geçmiş de korkudur. Tüm dileklerin tam da şu an'da zaten yola çıkar sana doğru gelmek üzere. Gitmeyi bir an için bile düşünen herkesi bırak, sevgiyle bırak. Giden herkesin yerine yolculuğunda sana hizmet edecek olan gelir. Her gece uykunda şifalanmaya niyet et; sabah niyetlerine uygun frekansta uyanmayı hedef koy. Kendini tam da olduğun gibi sev ve kabule geç; bu en üst seviyedir. Her gün ve her an seçtiğin sözlerle oluşturuyorsun, ihtimalleri ve sonuçları çağırırsın. Sözlerin gücünü fark ederek yaşa. Kalp bir şeyi gerçekten arzuluyorsa; mucize işte tam da orada başlar.

"YA BEDUH" KISMETİ AÇAN MUCİZE YOL

YA BEDUH, kelime anlamı olarak Farsça kökenli olup "yürümek, ilerlemek" anlamını taşır. Bir inanışa göre BEDUH, "manevi ve gizemli iletileri yerine ulaştırmada görevli bir melektir". Bazı kayıtlarda ALLAH'ın "mektupçusu olan melek" olarak da geçer. Beduh; postacı melek, haberi veren melek ve tılsım meleği olarak da anılır. ALLAH'a inanan elbette ki elçilerine de inanmalıdır ve bu elçilere verilen görevlere de hürmetle yaklaşmalıdır.

Yukarıdaki kuş sembolünün kanadına ve gövdesine niyetini ve dileğini kısaca yaz. Ardından "Kulin kuntüm tuhıbbunel lahe fetteiyuhbib kümüllahuve yagfirleküm zünu' bekum vallahü gaffururrahiym. YA VEDUD YA BEDUH YA CEMİL YA ALLAH" duasını oku ve 1600 defa da YA BEDUH zikri yap. "Bu zikrin meleği, ALLAH'ın izni ile bu niyetim/dileğimle benim aramda gereken bağı kur, benden ona giderek aramızda gerekeni ilet ve oluşturmamda aracı ol." şeklinde niyet beyan et. Yukarıdaki kuş figürünü ister enerjisi ile kitapta bırak ve böyle çalışsın, ister kendin tekrar çiz veya fotokopi çek. Kitapta bırakmazsan eğer; kuşu bir zarfın üzerine koy ve zarfın kapama noktasına elinle kocaman YA BEDUH yaz. Bu yazma işlemi; eski zamanlarda yapılan bir âdettir ve bir mühürlemedir.

KADERİ, KISMETİ DEĞİŞTİRECEK GÜÇTE DUALAR VARDIR. KISMET DUA EDİLEN ADRESLERİ İYİ BİLİR...

KISMET / Tuğçe Işınsu

ARINMA VE GEÇMİŞİ BIRAKMA

"Geçmişten veya bilmediğim zamanlardan üzerimde kalan tüm olumsuz etki ve geçişleri, bilmeden hâlâ üzerimde tuttuğum karma borcu, kul hakkı, hatalı yeminleri, bana zarar veren eskimiş akit ve manevi anlaşmaları, enerjimi çalan bağ ve bağımlılıklarımı bu gece ve tüm zamanlara doğru kesin ve net olarak iptal edip tam olarak saf enerji ve bağımsızlığa geçiyorum. Olanlardan dersimi aldım, kendimi, herkesi, her şeyi affettim. Yeniye tüm benliğimle açığım." dedikten sonra:

21 Salavat çek.

1 Hicr Suresi

21 Kafirun Suresi

21 Kureyş Suresi oku.

170 kere EL KUDDUS esmasını zikret.

Bu okumalar, suya okunup içilirse daha tesirli olur.

Aynı suya gül sirkesi ve defne yaprağı da ekle.

Suyu iç ve en dibinde çok az bırak.

Okumayı gece tamamlayıp, az kalan suyu sabaha kadar beklet.

Kalan az suyu sabah toprağa dök.

Bu çalışmayı takip eden 21 gün boyunca her gün:

ES SAMED esmasını 134 kere zikret...

KENDİ TELKİNİNLE 21 GECEDE MUCİZE!

"Her duam duyuluyor ve cevaplanacak. Kalbime koyduğum hayallerim, tüm zamanlara doğru gerçek olmak için yola çıktı bile. İnandıklarım gerçek olur. Ben almaya ve mucizeleri yaşamaya açığım. Cesurum ve yapabilirim. Derinden hissederek tüm enerjileri kendi adıma harekete geçiriyorum. ALLAH'a inanıyorum, tevekkül içindeyim. İlahi olanla bağım güçlü. Niyetlerim saf ve temiz. Net olarak başladım bu yola çıkarken. Kesin ve keskinim, inanıyorum ve yaşamı seviyorum. Her şey iyiliğim için, her şey tam da olması gerektiği gibi. Kendimle gurur duyuyorum, bugüne kadar çok şeyler başardım ve yine yapabilirim. Ben kendi adıma bir uyanışın içindeyim. Güç tam içimde, ben özelim. Nefes alabiliyorum, buradayım ve hayat benim için üretmeye hazır. Tüm enerjilerle bağ kurmak adına telkinlerle yola çıktım. En yüksek frekansla işbirliğim sürüyor. Niyetle yola çıktım, eminim ve güvende hissediyorum. Sevgiyle alıyorum. Hayal edebildiğim her şeyi güçle ve hızla yaşamıma çekiyorum. Tüm dileklerim beni ben yapıyor, her dileğim gerçek oluyor."

Bu güçlü telkin cümlelerini kendi sesinle telefonuna kaydet. Kendi sesinden güçle ve derinlikle işleyecek bu telkinler, bilinçaltına geçiş yapacak. 21 gecede uyku öncesi alfa frekansında bu telkinlerin içindeki enerji ve mühürlemeler senin derinliğine kaydolacak. Tüm bunları onaylayan bilinçaltı, bunlara inanıp tüm bunların sonucunu sana sunmak isteyecek. Her gece kulaklığını takmadan önce niyet et ve inanarak başla.

22. gece son bir mühürleme için okunacaklar:

352 YA ALLAH, YA KAFİ oku.

998 YA HAFIZ okuması ile devam et.

1000 kere de YA MUAHHİR de...

YENİ ENERJİLER DÜNYASI

Dünya değişirken, bu değişim zor gibi görünüp başka şeylere hizmet ederken sen de kendi içindeki değişimle sürece katılmalısın. İlahi düzene uymalısın. Geleceği kaçırmamalısın ve değerini bilmelisin. Dünya, materyalizm ve sevgisizlikle bu günlere geldi. Şimdi dünya, artık arınması gerektiğini ve yenilik istediğini biliyor. Sen, belki geçmişte kaçtıklarınla ya da yüzleşmek istemediklerinle artık bir araya gelmek zorundasın. Sen de bu âlemin ve boyutun bir parçasısın. Bir zerre de olsan, etkilisin ve bir enerji yayıyorsun. Önemlisin... Hiçbir şey artık tam olarak eskisi gibi olmayacak; enerjiler ve farkındalık adına devrimler yaşanıyor ve yaşanacak. Sen de bu gidişata bir katkıda bulunacaksın. Yaşanan her şey senin için de gerçekleşiyor, içindeki faydaları fark et. Güçlü ol ve inandığın şeyleri gözden geçir. İstediğin her şeyi sırlarla, gizemlerle, telkinlerle, tılsımlarla sen de yaşamına çekebilirsin. Bütünün hayrına sen de üretebilirsin. Sen sadece geçmişinden ibaret değilsin, bugün ve tam da şu anda başlayarak yeniden bir farkındalık düzenine geçebilirsin. Kendi masalını sen de yeniden yazacaksın. Başarı, inanç ve teslimiyetle gelir. Olumlunun peşini bırakma. Seni, senden başkası ne durdurur ne de sana engel olur. Hissettiklerin doğru, odaklandığın şeyler büyüyor. Aradığın cevaplar sende, mucizeler hazır olursan senin kapını çalar. Sorumluluğu al, kimseden bekleme. ALLAH seninle ve melekler yanında, kimseye ihtiyacın yok. Seninle birlikte yürümeyen insanlara ihtiyacın yok, olsaydı seninle olurlardı. Sen bu şekilde, sadece kendinle ve tam da olduğun halinle de başarabilirsin. Düşünceni, sözlerini, enerjini değiştir.

Geçmişi tutmak, senin kendini baltalaman demek. Olumsuzu kabul etmek, kendi gücünü reddetmektir. Eski küslük, nefret, affetmeme, incinme yüklerini at. Bunlar o kişilerle değil, senin kendinle hesaplaşman aslında. İstemediğin hiçbir şeyi yapmak için kendini zorlama. Kendinle barışırsan, tüm geçmişinle barışırsın ve eskiden kalan kimseye de negatif bir duygu beslemediğini anlarsın… Sana artık hizmet etmeyen, sadece yük olanla bağını kes. Bugün ve tüm zamanlara doğru sen; hayatının üzerine kontrolü olmuş tüm olumsuzlukları sevgiyle iptal ediyor ve kaynağına gönderiyorsun.

SENİ, SENDEN BAŞKA BİRİ YÖNETMEMELİ.

Kendi üzerinde gerçekten etkili misin, dileklerin gerçek seni mi temsil ediyor? Geçmiş senin üzerinde söz sahibi mi, başkalarının etkisinde misin, ağzından çıkan sözler senin mi, sen gerçekten sana iyi gelecek şeylerin peşinde misin?..

Kimden korkarsan, güç ona geçer. Kimin için yaşarsan zaten ilk onu kaybedersin, sonra da kendini. Bir hayat bu şekilde geçmez ve harcanmaz. Gücünü yok sayma, sendeki bir eksikliği fark edenler senin enerjini çalmak için sana daha çok yanaşır. Korku enerjisi yayarsan, insanlar seni senden çalar. Korku, istemeden karşı tarafa teslim olmaktır. Farkında varıp, bilinçaltı gücünü de kullanıp bu tip bir durumun içindeysen buna son vermen gerek. Bir kâğıda notlar al; kimler sence senin enerjini çaldı, senden faydalandı, kimlere hep verip onlardan hiç alamadın, kimler seni korkutarak senden bir şeyler aldı...

İsimleri alt alta yaz; bu insanlarla olan iç konuşmalarını tekrar gözden geçir. O anıları ve yaşanmışları tekrar kendine hatırlat. Her isim için tek tek yap. Sonuna kadar git, detay atlama. Sıkılana kadar, artık aklına ek veya yeni bir anı, detay gelmeyene kadar çalışmayı sürdür. Tüm isimler için tüm negatifleri tamamlayınca, siyah kalın bir kalemle bu isimlerin tüm harflerini kapatacak şekilde şeritler çiz. İsimleri yok et. Ardından şu sözleri kâğıda doğru söyle:

"Şimdi ve tüm zamanlara doğru; hatırladığım, bildiğim, farkında olmadığım beni yönetmiş, enerjimi çalmış, bu kişilerle bağlantılı kayıt, kod, etki ve geçişleri iptal ediyorum. Üzerimde hiçbir etki ve hakları kalmadı. Kökten tüm bağları kestim.

O kişilerden bana geçiş yapmış tüm olumsuzlukları kaynağa teslim ettim. Benden çıktı, ben arındım. Tüm DNA ve hücresel hafıza frekansında eski ve hizmet etmeyen bu kişilere dair ne varsa, sevgiyle gitti benden. Yola, arınmış ve güçle devam ediyorum ben…"

Son olarak kâğıdın üzerine bir makas koy, "Bağları kestim." dedikten sonra, makasın ağzını kâğıdın üzerinde kapat. Kâğıdı suya at ve geriye bakma.

YENİ KAPILARIN AÇILMASI İÇİN, ESKİ YÜKLERİ AT.

Sen sandığından güçlüsün ve yapabilirsin. Geçmiş ve eski olan peşini bırakmadığı için, eski yükler seni geride tuttuğu için duruyorsun sadece. Yük, sende enerji ağırlığı yapıyor. Geçmişte kalıp, geçmişteki gibi olacak yine sanıyorsun ve yeniye yer açılmıyor. Yeni için sen, yer açmalısın. Geçmişi ne anmak ne de yeniden yaşatmak zorunda değilsin. Güç, geçmişe tutunmak değildir. Gerçek güç, bırakmakla başlar. Yaşam dersini alıp bıraktıkça, enerji dünyası boşluğu tanımadığı için yeniye yer açılacak. Bağımlısı olduğun her şey gücünden emer ve yapabileceğin şeyleri de yapamaz hale sokarsın kendini. Korku sürekli takip eden bir enerjidir, kendi kendini hep korkman gerektiği ile ilgili kendin hatalı olarak ikna ettin. Korkmak bir tedbir gibi geliyordu sana, artık bunu bırakmalısın. Eğer bırakırsan, manevi akış ve ilahi düzen bunu görür ve cesaretin sana bir ödül ile döner. Sana iyi gelmeyen, mutlu etmeyen geçmiş ve geçmişe dair konular: seni aşağı çeker ve mucizeleri keşfetmeni engeller. Yenilenmen için eski ile vedalaşman gerek. Kararsızlık eskiye tekrar atar, kesin ve net ol. Cesaretle gir yenilik kapısından. Hak etmediğin tarzda olaylar devam ediyorsa geçmiş sende hâlâ etkili demektir, güzel şeyler olmaya başladıysa yükü atmışsındır. Sabret ama kararlı ol, zaman alabilir fakat başlarsan, sonuç gelir. Arınırsan, hayallerin sende kapı bulup içeri girer. Her şey bir sürece tabidir, en doğru zamanda seni gelip bulur her şey. Değerli olman üzerine odaklan, yoğunlaş ve bilinçaltına hep senin ne kadar değerli olduğunla ilgili girişler yap. Geçmiş yüktür, gelecek korkusu da yüktür. Sen an'da kalmanın sonsuz güzelliği ile donat kendini. Bırakmanın gücü ile ruhunu sarmala. Yaşam enerjini sen yükselteceksin, yükselince zaten bu yüksek frekansa ait olmayan ne varsa gidecek. Aradığın hayata önce sen kendi enerjinle izin vereceksin. Geçmişi bırakman zaten senin ilk onayı vermen demek olacak. Başkalarına söyleyemediklerin seni bloke eder ama kendine söyleyemediklerin daha da çok bloke eder seni... Her şeyi bir bardak suya şimdi söyle, iki taraflı kişileri de konuyu da affet. Suyu denize veya başka bir su alanına dök. Bırak.

BİRİ SENDEN
YARDIM İSTERSE;
ONA VESİLE OLMAN
İÇİN ALLAH SENİ
SEÇMİŞ OLABİLİR.
KISMETİNE YARDIM
ETMEK İSTERSEN, SEN
DE YARDIM EDEN OL
HERKESE.

KORKULARI BIRAKMA VE "ÇOCUK SEN" ÇALIŞMASI

Eski bir çocukluk resmini önüne koy.

Korktuğun şeyleri tek tek önce not al ayrı ayrı kâğıtlara.

"Şimdi ve tüm zamanlara doğru tüm korktuğum konuları bırakmaya niyet ettim." de, derin derin nefesler alıp ver. Korku senden çıktı, seninle ilgili. Onu bitirecek tek kişi de sensin.

Güvendesin, güç de etki de sensin.

Önce korku ile yüzleş, bunun varlığından kaçma. "Bunlar benin duygularım, benimle ilgili, ben oluşturdum ve kolayca bu çalışma ile onlardan kurtuluyorum." şeklinde odaklan.

Tüm korkuları tek tek yaz, ayrı ayrı. Uçağa binme, ayrılık, gelecek, parasızlık, değer görmeme, aç kalma, işsizlik, iletişim kurma, evlilik korkuları... Sende hangi korkular varsa yaz.

Önce kabul et ve onayla, sen onlardan kaçmıyor ve önce onlara sahip çıkıyorsun. Kaçarsan seni daha çok kovalarlar. Çocukluk resmin, senin saf ve temiz, arınmış ve aslında "yeniden başlayacak" halin. Üzerinde korku yazan her bir kâğıdı bu çocukluk resminin üzerine koyacaksın. Koyunca "Beni seviyorum, ben kendimden özür diliyorum, güvende olmayı, sevgiyi ve huzuru, her şeyi kolayca halletmeyi ve akışı artık yaşamımda kabul ediyorum. ALLAH'ın sevgisi ve yardımı benimle, şimdi bu aslında artık bana ait olmaya enerjiyi tüm zerreleri ile kaynağa geri teslim ediyorum. Korkuyu şimdi sevgiye ve güce dönüştürüyorum. Benim hayatımı sevgi, mutluluk, güç sarmalıyor. Özgürüm." diyeceksin. Ardından gözlerini kapat bu üzerinde korktuğun şey yazan kâğıtla aranda mavi bir ışık kordonu geçir. Hazır hissettiğinde kordonu kopar, sonra çocukluk resmini kâğıdın üzerine koy. Sevgide kal, derin nefesler al ve ver… Kâğıtları çalışma bitince suya at.

Bu çalışma tamamen bitince geleceğe akış için FETİH SURESİ oku.

EVİ TERK EDEN EŞİ GERİ ÇAĞIRMA

Bu tılsımı çiz.

Evden ayrılan eşinin resminin üzerine koy.

"Seni olduğun gibi kabul ediyorum, seni ve kendimi affediyorum, sen ve ben biriz. SENİ SEVGİYLE VE YENİ BİR ENERJİ VE İNANÇLA eve geri çağırıyorum." dedikten sonra tılsımı resimle birlikte yatağında şiltenin altına koy...

Samimi ve temiz bir kalp ile yapılması gerekir. Giden kişi eşin bile olsa KUL HAKKINA GİRMEDEN VE ÖZGÜR İRADEYE saygı ile yapılmalı. Yani seni asla istemiyor ve artık sevmiyorsa bu duruma saygılı ol, aranızdaki bağın devam ettiğine inanıyorsan o zaman sevgiyle dene bu uygulamayı.

Geri gelince, resim evde kalsın. Tılsımı toprağa göm evin dışında.

İŞTAH KAPAMA VE ZAYIFLAMA ENERJİSİ

Tılsımı çiz veya fotokopi çek.

Bu tılsım üzerine kendi resmini ve ayna koy.

Bu kitapta ve *OL DER VE OLUR* kitabımda, bilinçaltı gücü ve diğer tekniklerle zayıflama konusu zaten mevcut, öncesinde onları da oku ve kavra.

Tılsımın üzerine "Allahümme innieselüke ya selam ya semiu sin sin sin sin ya seriübima evda tehüharfüssiniminelesraril mahzuneti en tüsahhir li melaiketüke sin sin sin sin elkiraminneke ala külli şeyin kadirun" oku. Gündüzleri kumaş içinde tılsım ve resmi sakla, okumaları gece yap. 40 gece devam et. Sonucu takip et…

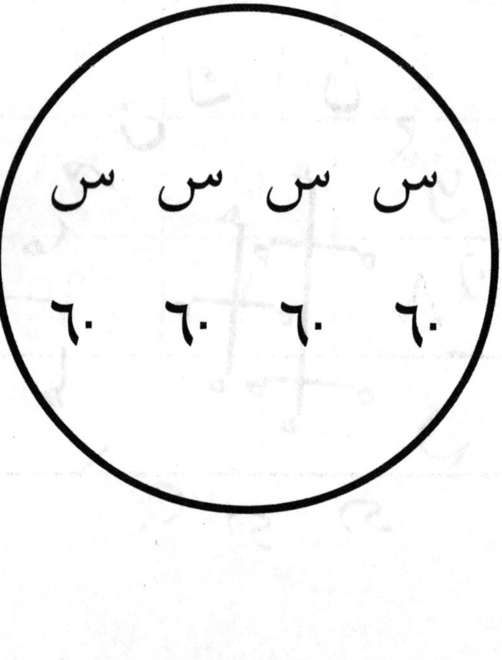

DİLEK TILSIMI

Bu tılsımı çiz veya fotokopisini al.

TILSIMIN ÜZERİNE niyetini, dileğini söyle ve boş kalan alttaki yere ismini yazarak mühürlemiş ol.

Tılsımın üzerine HİCR SURESİ'ni oku.

1 gece yastık altında kalıp, sonra çantanda kapatıp taşı.

الله	الله	الله
سَرِي	آنين	جَاجِن
٤	٩	٢
٣	٥	٧
٨	١	٦

EVİ KORUMA VE EVDE HUZUR

Evi sirke ile köşe bucak sil.

Evde "7 dükkan süprüntüsü" (aktarlarda hazır satılır) ile tütsü yap.

Evin ile ilgili dilek ve niyetlerine odaklan…

KALEM VE FURKAN SURELERİNİ okuduktan sonra bu tılsımı çiz.

Tılsımı gül yağı ile tütsüle.

Ev giriş kapısı iç taraf, sol üste kapatıp koy, yapıştır.

OFİSİ VE DÜKKANI ENERJİ OLARAK YÜKSELTME

Bu tılsımı çiz veya fotokopisini al.

Üzerine 6666 kere EL VEKİL oku.

Dükkanda kimsenin görmeyeceği yüksek bir yere as.

..١	١	٧	..٢
..٢	..١	١	٧
٧	..٢	..١	١
١	٧	..٢	..١

HEDEF TILSIMI

Hedefini 21 kere mavi kalemle bir kâğıda yaz.
Bir kâğıda tılsımı çizip üzerine koy.
İkisini birlikte bir kitabın arasında sakla.

٤	٩	٢
٣	٥	٧
٧	١	٦

SENİ ARASIN, MESAJ ATSIN

Bu tılsım telepatik bağ kurmaya faydalıdır.

Bu 3 tılsımı ayrı ayrı küçük kâğıtlara çiz.

1 gece 3'ünü birlikte sevdiğin kişinin resminin üzerinde beklet.

Ertesi gece 3 küçük kâğıdı da telefonun üzerine koy ve bu şekilde uyu.

Sonra bu 3 kâğıdı, ikinizin resminin arasına koy, kaldır ve bekle sonucu...

Hak ve helal aşklar için yapılmalı, bağ kurma iyi niyetli olmalı. Özgür iradeye saygıyla...

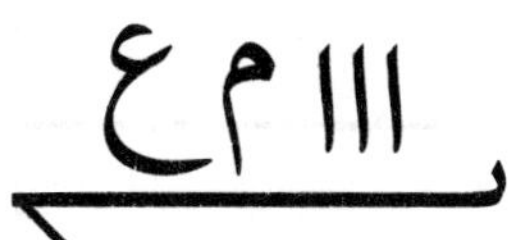

AŞK VE SEVGİ TILSIMI

Tılsımı fotokopi çek.

İçine ikinizin resmini ve 2 adet de gül yaprağı koy.

Üzerine 4000 kere EL VEDUD zikri yap.

Arada sevgi bağı varsa, karşı taraf da özgür iradesi ile istiyorsa yapılmalıdır.

Sonucu takip et.

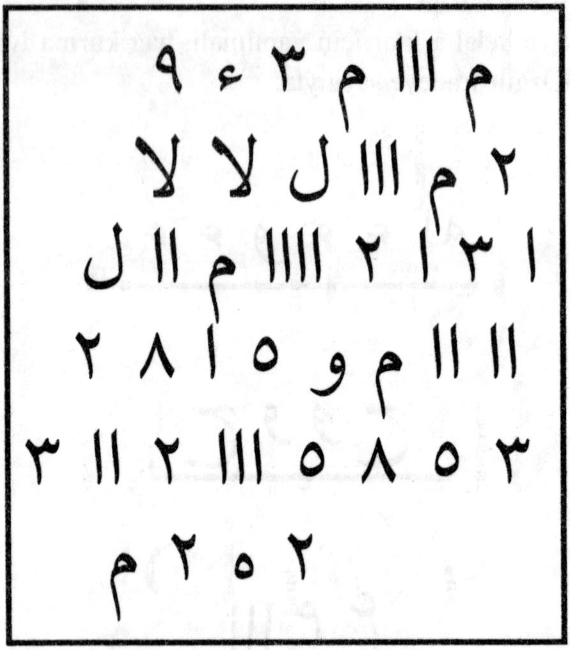

AYNI DUALARI EDEN RUHLAR, BİR GÜN KISMET İLE BİR ARAYA GELİR.

KISMET / Tuğçe Işınsu

BÜYÜK AMAÇLAR İÇİN ÖZEL TILSIM

İki tılsımı da çiz.
Üzerine niyetini 21 defa söyle.
İçine 8 adet çörek otu, 8 adet pirinç ve demir parçası koy.
Mavi kumaşa kapat.
Üzerine, 744 EL MUKTEDİR esması oku.

ك ك ك

KISMET AÇMA TILSIMI

İçine 7 adet defneyaprağı koyarak bu tılsımı yanında taşı.
Her konuda kısmet açmayı temsil eder.
Tılsımı kolayca çizebilirsin.

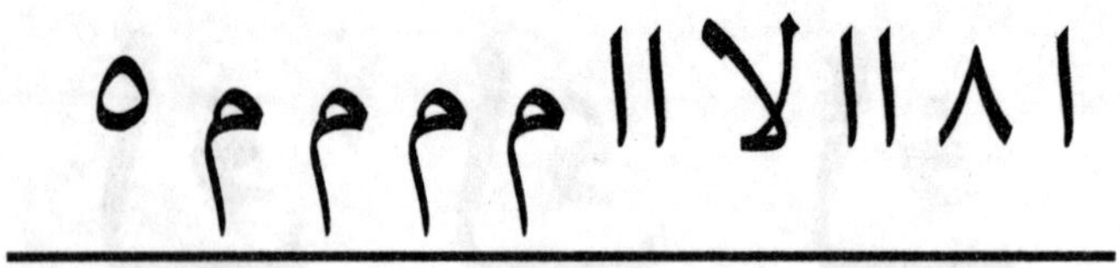

PARA VE BOLLUK TILSIMI

Tılsımı çiz.
Üzerine 1001 defa YA BASİT esmasını oku.
Cüzdanda sakla.

ط	س	ا	ب
ب	ا	س	ط
س	ط	ب	ا
ا	ب	ط	س

KISMET VE RIZKI AÇAN ETKİLİ TILSIM

Gül suyu içine bu tılsımı çizip koy.
Küçük bir kâğıt kullan.
Gül suyunu 21 gün evden çıkarken ve gece uyku öncesi sür.

لععسل هع

AŞK TILSIMI

Tılsımı çiz.

Aşka dair tüm istek ve beklentilerini bir kâğıda kırmızı kalem ile yaz.

Kâğıdı ateş elementi etkisi için (hızlandırma) yak, külleri bu tılsımın içine koy.

Tılsım bu şekilde 1 gece senin yatak odanda beklesin.

Ertesi sabah, niyet edip toprağa göm.

KAVUŞMAK
MUHABBET İÇİN TILSIM

Bu tılsımı çiz ve YASİN SURESİ 78. ayeti oku.

Sevdiğin kişiye odaklan çizerken…

Eskiye dair olumsuz hiçbir şeyi düşünme, içinde o kişiye karşı öfke, affetmeme, olumsuz bir duygu kalmamalı.

Arınmış ve hafiflemiş bir enerji ile uygula.

İkinizin resmini karşılıklı koy, araya bu tılsım kâğıdını ve 1 adet mıknatısı koy.

Hepsini kapat beyaz bir kumaşın içine.

Üzerine 18.000 ES SEMİ oku ve kaldır, sakla.

ÖZGÜR İRADEYE SAYGIYLA, HAK VE HELAL İLİŞKİLERE…

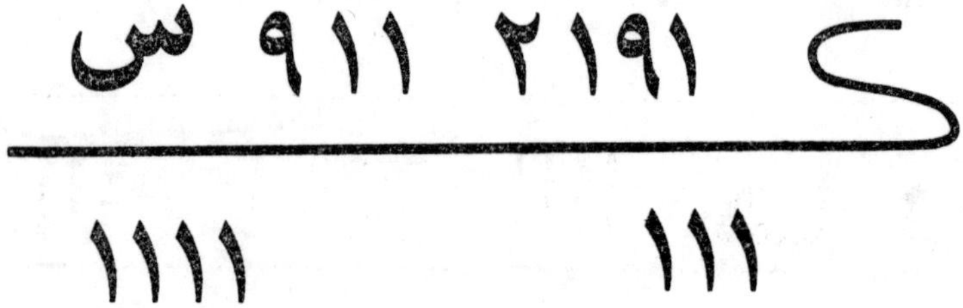

HABER ALMAK İÇİN TILSIM

Ayrı düştüğün bir kişiden haber gelmesi için bu tılsımı uygula.

Tılsımı çiz, zor gelirse fotokopi çek.

Üzerine Kehf, Fatiha, Fetih, İhla, Meryem, Nur Surelerini oku.

Dingin ve içten şekilde o kişi ile bağlantı kurmak için niyet et.

Bu tılsımın üzerine onun resmini koy, yanında da değecek şekilde telefonun dursun.

1 hafta bu şekilde bitişik koyarak uyu...

Sonucu takip et.

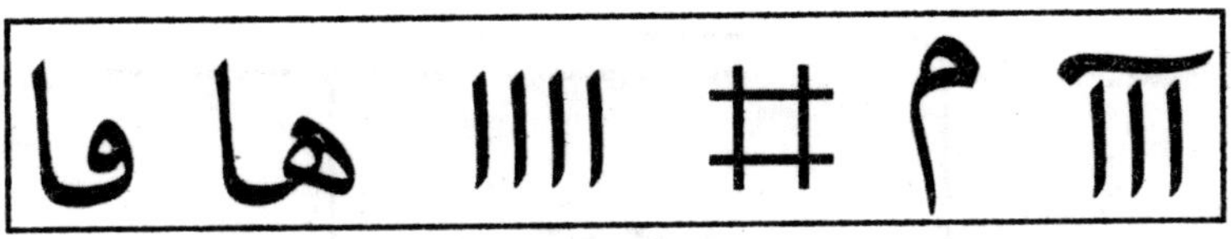

KORUYUCU VE GÜÇ VEREN TILSIM

Bu iki tılsımı fotokopi al.

İkisinin ortasına kendi resmini koy ve sakla.

Bu tılsım güç ve korunma içindir, olumsuzlukları aşmada etki eder.

Bu tılsımın sahibi, işlerinde açıklık tecrübe eder.

Manevi anlamda sayısız olumlu tesiri vardır…

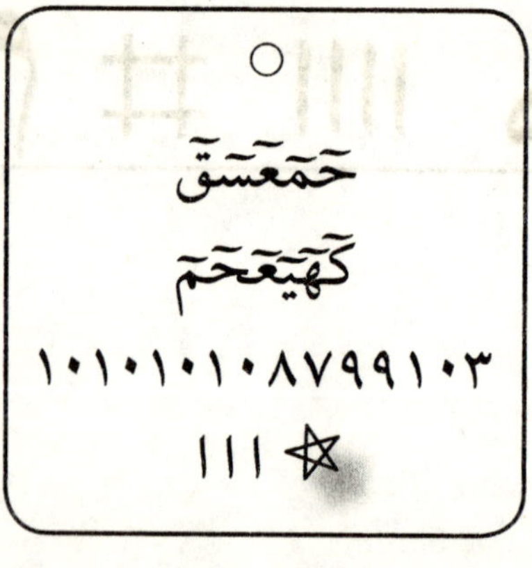

EVLİLİĞİ KURTARMA

Arada sevgi varsa, iki taraf da istiyorsa yapılır.
Hak ve helal konular içindir. Özgür iradeye saygıyla...

Tılsımı çiz.
Eşinle senin resminin arasına tılsımı koy.
Yatak odasında sakla.
21 AYETE'L-KÜRSİ ve 41 tane TAHA SURESİ oku.

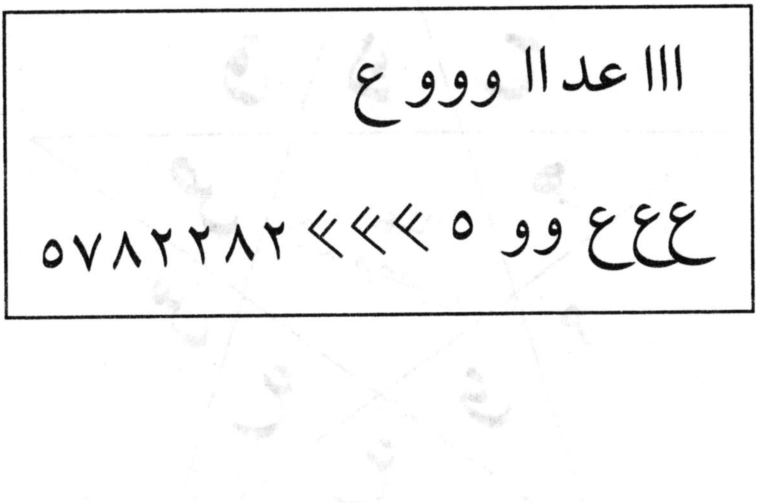

GÜÇ VE KUDRET TILSIMI

Bu tılsımın üzerine birer adet KEHF, KAFİRUN, DUHA SURELERİNİ oku.

Tılsımı çizip yanında taşı.

EVLENMEK İÇİN

İçine 2 adet pirinç koyup 2 adet TAHA SURESİ oku.

Tılsımı çizip içine kendi resmini de koyup yatak odanda sakla.

و	ر	ن
ن	و	ر
ر	ن	و

KÖTÜLÜKTEN KORUNMA

Bu tılsımı küçük bir kâğıda çiz ve içine 21 AYETE'L-KÜRSİ VE 1 KALEM SURESİ okunmuş suyun içine koy.

1 gece beklet...

Ertesi gece, 150 adet YA ALİM esmasını oku ve su ile elini yüzünü yıka.

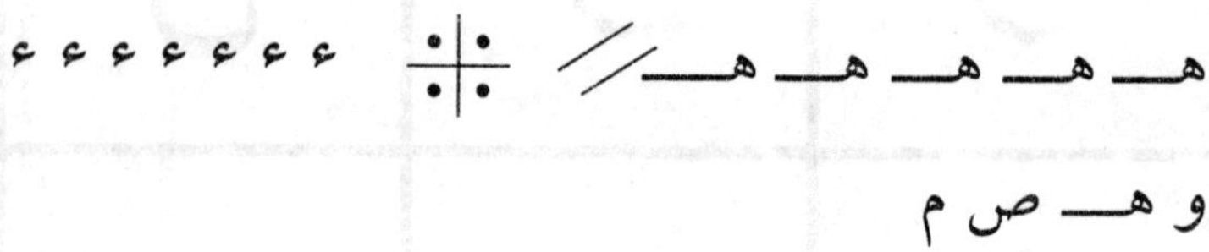

İŞYERİNDE SORUN YAŞANYAN İÇİN TILSIM

Tılsımı çiz ve ofisinde kimsenin görmeyeceği, yüksek bir yere as ya da yapıştır.

131 kere ES SELAM esmasını oku.

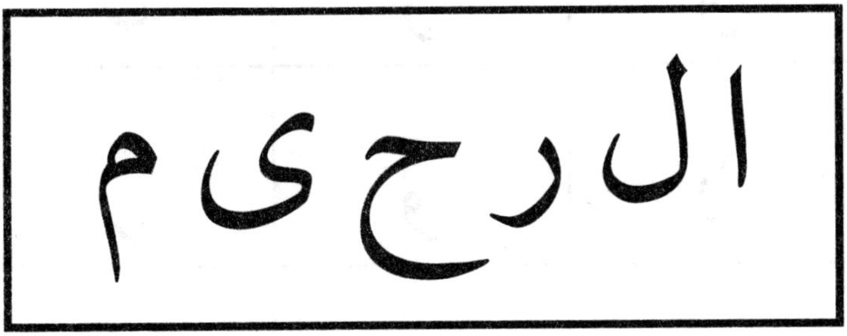

BAŞARI VE MUTLULUK TILSIMI

Fatır ve Nur Surelerini oku.

Tılsımları çiz ve yanında taşımaya başla.

و	ر	ن
ن	و	ر
ر	ن	و

KISMET,

HİÇ YOLU

YOKSA

BİLE BİR

YOL AÇAR.

KISMET / Tuğçe Işınsu

NAZAR VE OLUMSUZ ETKİDEN KURTULMA

7 küçük tılsımı ayrı ayrı küçük kâğıtlara çiz.

Çalışma 7 gece sürecek.

Her gece, bir kâğıdı suya koy.

Sabah suyu iç.

Son sabah, kâğıtları suya at.

DİLEK TILSIMI

Üstteki tılsımı defneyaprağı ile çantana çizip koy.
Alttaki diğer tılsımı üzerine dileğini söyleyip toprağa göm.
Çalışmayı yaptığın gece ŞAHMERAN DUASINI 8 defa oku.

٤	٩	٢
٣	٥	٧
٨	١	٦

OFİSE VE DÜKKANA İYİ ŞANS

Tılsımı çizip üzerine 21 Besmele oku.
İşyerinde bir çekmeceye sakla.

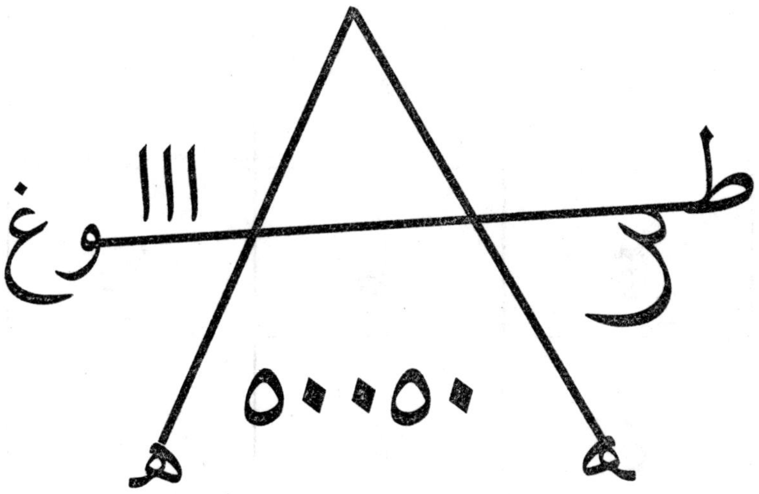

OLUMSUZLUĞU AŞMA TILSIMI

Tılsımı çiz veya fotokopisini al.
Üzerine Mülk Suresi oku.
Olumsuz durumu düşünüp 161 kere YA MANİ de.
İçine resmini koy, odanda sakla.

د	ط	ب
ج	ه	ز
ح	ا	و

RÜYADA MESAJ ALMA TILSIMI

1001 defa YA AHİR YA EVVEL YA ZAHİR esmalarını çek.

Sonra bu tılsımı çiz ve üzerine adını sesli söyle.

Tılsımı yastık altına koy ve uyu, merak ettiğin konuya niyet et.

Rüyanda gelen mesajları takip et.

AŞK TILSIMI

Bu tılsımı çiz veya fotokopisini al.

Sevdiğin kişinin resmini üzerine koy.

Sanki o karşındaymış gibi onu imgele, ona neler söylemek istersen olumlu olarak ilet.

Resmi tılsımla birlikte kaldır, sakla.

Tılsımın üzerine 120 defa "*MİN ZALİKE BİLLAHİ MİN SEDDETİN LEKE*" oku.

عازرائيل	اسرافيل	ميكائيل	جبرائيل	هـ
[illegible]	ط ٩	#	∴ ٢٠	١١١١
٢٢٣	١١١٨	٣٨٩	[illegible]	روط
٤ ر ى	مم ر	٤ م ر	٥ ※ م	٣ ۴
ط طا	ع و ى	ش ت	رررلا	ااا م م

ALTIN HALAT İLİŞKİ MÜHÜRLEMESİ

Tüm aşk tılsımı ve ilişkilere dair ritüel ve dualar özgür iradeye saygı ile yapılmalı. Senin sevmediğin biri sana enerji yapsa nasıl hoşuna gitmezse bu durum, sen de karşı tarafa saygılı ol. Seni istemeyen birine uygulama yapma. Karşı tarafa karşı saf ve samimi ol, kendine de dürüst ol. Her enerji çift taraflı çalışır, iki tarafa da etki eder. Hak ve helal ilişkiler için uygulama yapılmalıdır.

Her niyet bize geri döner, her dua da duyulur.

Kendin için neler isteyebiliyorsan, başkaları için de bunları iste.

Senin, onun, bütünün, her şeyin hayrına olsun niyeti ve inancı ile çalışmayı başlat.

Derin nefesler al ve ver.

Hazır hissettiğinde, onu tam karşına getir.

Ona iletmek istediğin konuları parlak, beyaz-mavi bir enerji topunun içine yükle. Tüm mesajları, ilişki dileklerini, niyetlerini, ona söylemek istediklerini enerji olarak bu topun içine koy. Bu topu kendi üçüncü göz noktana doğru getir ve içeri sok. "Ve öyle de oldu." dedikten sonra, kendi kalp çakrandan onun kalp çakrasına doğru altın rengi ışıktan oluşan sağlam ve kuvvetli, kalın bir halat geçir. Halat onun kalp çakrasına tam olarak geçsin ve orada köklensin.

"Seni şimdi ve tüm zamanlara doğru yaşamıma çekiyorum." dedikten sonra, halatı kendine doğru çek, onu da bu şekilde kendine doğru çekmiş olacaksın. İyice yaklaşınca altın halatı yaktığını imgele. Bir aşk alevi çıkıyor. Sonra, ikinizi bir ışık topu yap ve kendi kalbine bu topu göm.

"ALLAH'ım bu kişinin beni sevmesi, benimle olması, ilişkinin güçlenmesi adına yaptığım bu çalışmayı kabul et." dedikten sonra: 114 kere EL CAMİ yani ALLAH'ın bir araya getiren anlamındaki esmasını oku.

UYANIŞ ZAMANI

İnsan olmak eşsiz bir deneyimdir fakat insan, hayatını bunu unutarak harcar. Yaradılış esnasında ALLAH, sana ruhundan üfler, seni benzersiz yaratır. ALLAH, 99 Esmaü'l-Hüsna 99 sıfatının içindeki etkilerden insana da verir. Akıl, fikir ve üstün güç Özgür İrade ile donatılmış insan, değerinin altındaki konularla meşgul olup esas konulardan uzaklaşır. ALLAH, insanı güçlü görmek ister. İnsan, kendi seçim ve hatalarının sonucunu yaşar. ALLAH, her yarattığı insanı çok sever ve aslında asla cezalandırmak istemez. Dışarıda güç arayan insan, başka insanlardan yardım isteyen insan, ALLAH tarafından kendine verilmiş özellikleri inkar etmiş gibi olur. Tüm canlılar içinde en özeli olan insana ALLAH, şah damarı kadar yakınsa, o zaman insan sandığından güçlüdür ve en büyük güce de çok yakındır. Kozmik kaynakta insanlığa ve yaşama dair tüm bilgiler kayıtlıdır. Bu öz bilgiler gerçekte, aynı zamanda bizim genetik şifremize de kodlanmıştır. Eğer, dua ve KUR'AN'a sığınırsan bu sende zaten olan bilgileri üst benliğinle tekrar hatırlarsın. Esmaü'l-Hüsna zikirlerinden ne zaman söz etsem ya da bir paylaşım yapsam, sürekli sayıların çokluğuna takılıyor konuyu bilmeyenler. Bu özel okumalar belirli bir enerji alanı ve frekans kapısı açar. Bir esmayı bir kere söyleyince tam olarak anlam ve derinliğine giremezsin, esmayı belirli ve yüksek sayıda okuduğunda enerjin değişir, ruh halin farklı olur, mana âlemine geçersin, titreşimin yükselir ve manevi konulara kalbin açılır. Esmalar ve sırlı dualar, kozmik alana geçişin şifreleridir. Bağlantı kurmak için bu boyuttayız, bizi bağlantıya yaklaştıran bu değerleri bilmeliyiz. Esmaların görevlileri olan melekler, sen zikre başlayınca yanına gelir. Melekler, ilgili konuda desteğe hazırdır. Melekler saf ve zengin enerjileri ile, ALLAH'ın izni ile esmaların okunduğu yerleri bilip gelirler. Esmalar ve sırlı dualar okununca, hem madde âlemi hem mana âleminde enerji kapıları açılır. Teslimiyetle ve inançla, sonuca takılmadan okuma yapılmalıdır. ALLAH bu ilmi insanlığa sunmuştur, bu gücün ta kendisidir. Her birey kendi en derin öz'ünde tüm esmaların anlamlarından zerreler taşır. İnsan işte bu kadar değerlidir. Bu etkiler karakterlerimizin içinde de gizlidir. Esmalar ve sırlı özel okumalar, bir yaşamı baştan inşa edebilir. Her zerre bütünden gelir, bütüne etki eder. İnsan da bütünün bilgisini taşır öz derinliğinde. Her zerre, her insan ALLAH'ın sıfatlarından etki alır. O nedenledir ki, bir insan ancak dua ve zikirle, ALLAH'a bağlılığı ile mutlu olabilir. Aydınlanma ve farkındalık yolunda, bu özel okumalar sayesinde her şeyle bir ve bütün olursun. Kendi mucizeni dua ile ortaya koyabilirsin.

"EY İMAN EDENLER, ALLAH'I ÇOK ZİKREDİN." AHZAB SURESİ/41

Esmaları okudukça, sende kayıtlı olan ALLAH'ın sıfatlarından etkiler açığa çıkar. Her bilinçaltı seviyesi bunu yapabilir. Bu güçten kendini mahrum etme. ALLAH, insanın kendisini bulmasını istiyor. Tüm evrende sonsuz varlığı olan ALLAH'a Esmaü'l-Hüsna ve sırlı duaları okuyarak insan yakın olmalıdır. Zikir çekme anında, kendini başka açı ve boyutlardan da anlar ve kendindeki değişimi fark edersin. Yaradılışı dahi anlaman buna bağlıdır. Düşünmekten ve bulmaktan kaçma, sen tefekkür için buradasın. Her nefesinde sen zikret. Her an, her aklına geldiği an. Beyne ve genetiğe yerleşmiş tüm kayıt ve kodları, esmaları zikretmek açığa çıkarıyor. Enerji alanını değiştirmek bu sırlı okumalarla mümkün. Gece dua ve zikir daha etkilidir, gecenin enerjisi başkadır. Esmaların yüksek sayıda okunması ve tekrar edilmesi; bir enerji frekansı yaratır. Zikrettiğin esma, bir frekansta enerji yayar. Ne kadar çok tekrar edilirse, o denli gücü artar ve tesiri büyük olur. Esma sayıları, her harfin sayısal bir değeri oluşu ile ortaya çıktı. Esmaları oluşturan bu harflerin sayı karşılığı ve bunların çarpımlarıdır. Bu ebced sistemidir ve bu başlı başına bir ilimdir. Hesaplama sonucu, her esmaya denk gelen bir sayı bulunur. Bu, bir şifre gibidir, her istek veya dileğin kapısını da bu sayılı okunan esma şifresi açar. Sen, o sayıda o esmayı okurken senden çıkan enerji bağlantı kuruyor, evrenden aldığını sana geri yansıtıyor ve sonuç geliyor. Kozmik ve sırlı kapılardan geçmek işte bu şekilde mümkün oluyor. Evren, her detayıyla sadece enerjiden oluşuyor. Esmayı sayısal değeri ile okursan, yayılan enerji ve etkiyle manası ve derinliği çalışmaya başlar. Bu inançla sistem dahilinde enerjiyi harekete geçirmektir. Yaradan'ın muhteşem sisteminden bir parçadır bu konu. Olabileceğine inandığın şeyi yaşarsın. Esmalar, enerjileri yönlendirir. Esmalar, insanda bilinci geliştirir. Esmaları okuyup, enerjiyi yaşamda aktif hale getirerek akışa etki edebilir, muallak kaderlerimiz üzerinde niyetlerimizle dönüşüm de sağlayabiliriz. Dua, zikir, niyet her şeye etki eder.

Esma zikri başlı başına bir aktivasyondur. Okumalarda samimi bir kalp ile başlamak ve net niyet ile yola çıkmak önemlidir. ALLAH senin kalbinde, ruhunda ve yanında. ALLAH, senin her zerrende, sen O'ndan geldin ve sadece O'na gidersin. O vakit, bu dünya boyutunda O'nun adları ile meşgul olmandan değerlisi yoktur.

GİZLİ HAZİNE ÖZEL OKUMALAR

Aşağıdaki esmaları 21 gece boyunca her gece oku.

Niyet edip, dileğini söyleyip başla ve mucize sonuçları takipte kal.

66 kere Ya ALLAH
1020 kere Ya Azim
489 kere Ya Fettah
148 kere Ya Muhsi
124 kere Ya Muid
298 kere Ya Rahman
287 kere Ya Rauf

Anahtarın üzerine aşağıdaki esmaları oku, işyerinin kapısını öyle aç, rızkı artır:

66 kere Ya ALLAH
62 kere Ya Batın
336 kere Ya Musavvir
298 kere Ya Rahman
137 kere Ya Vasi
400 kere Ya Vedud

Zor hedefler ve önemli konularda bu esma zincirine başvur:

801 kere Ya Ahir
206 kere Ya Cebbar
116 kere Ya Kaviyy
298 kere Ya Rahman
63 kere Ya Ehad

HER ŞEY KARANLIKSA, IŞIK SEN OL. O IŞIĞIN İÇİNDE, KISMET SENİ BEKLEYECEK.

KISMET / Tuğçe Işınsu

DİLEKLERE ÖZEL
ÇOK GÜÇLÜ ESMA ZİNCİRİ

37 kere Ya Evvel
1060 kere Ya Gani
812 kere Ya Habir
20 kere Ya Hadi
108 kere Ya Hak
305 kere Ya Kadir
90 kere Ya Melik
744 kere Ya Muktedir
351 kere Ya Rafi
258 kere Ya Rahim
131 kere Es Selam
526 kere Eş Şekür
47 kere Ya Vali
1100 kere Ya Zül Celali Vel İkram
202 kere Ya Berr
80 kere Ya Hasib
1100 kere Ya Muğni
662 kere Ya Mütekebbir
94 kere Ya Aziz
113 kere Ya Baki
270 kere Ya Kerim
129 kere Ya Latif
998 kere Ya Hafız
298 kere Ya Sabur

DERDİ, KEDERİ AŞMADA ETKİLİ ÖZEL OKUMA

313 kere Besmele çekip başla.

21 Fatiha Suresi oku.

Ardından:

100 İhlas Suresi, 21 Felak Suresi, 21 Nas Suresi, 121 Ya Melik, 400 Ya Hadi oku.

...

Ruha sadece dua enerji verir. Dua ile beslenmeyen ruh, istediği frekansa çıkamaz. Dua, her şeyle ve tek olan Mutlak Güç'le bağ kurmaktır. Duanın ardı takip edilmez, samimi ve içten olan her dua duyulur. Ne zaman duaya cevap geleceği ise ALLAH tarafından bilinir. Kul asla "Dua ettim de kabul olmadı." diye bir şey söyleyemez.

"En güzel isimler ALLAH'ındır. O halde, bu isimlerle O'na dua edin." Araf 7/180

Esmalar, başlı başına sırlıdır ve şifadır. Her insanda, esmaların hem etkisi hem de tecellisi vardır.

"Ey iman edenler! ALLAH'ı çokça zikredin." Ahzab 33/41

...

Özel Okuma:

Niyet ettikten sonra, 51 defa Besmele çek ve Yasin Suresi 9. ayeti 100 defa oku.

Berhetiyye duası da okunduktan sonra, 41 kere suya YA ŞEKÜR okuyup iç.

...

Dilcklerin aslında senin doğuştan hakkın.

İnsan buraya almak ve istemek için gelir.

O dilekler için çıkılan yolda yaşanan diğer konu ve olaylar mesajcıdır ve insana değer katar.

Dileğin gerçek olduğunda sen o dilek yolunda yürürken aslında dileğin kendisinden daha büyük başka gizli ödüller alırsın.

Sadece inanman yetmez, denemen de gerekir ve bu yolda çalışman da.

Kendi engellerini kendin ortadan kaldıracaksın ve sonra gerçek akış başlayacak.

İlk nefesinden son anına kadar, melekler seninle.

Sen dilekler yolculuğunda yalnız değilsin.

Yürekten iste ve konuya teslim ol, oldu bil. İçine ilk doğanlar hep doğru, içinde sana fısıldayan iç sesini yabana hiç atma.

Her şey enerjiden oluşur ve şükür enerjiyi büyütür.

PARA, SEVGİ KAYNAKLIDIR VE SEVGİNİN VEÇHESİDİR.

Paradan çekindiğin sürece o sana gelemez. Para, titreşen bir enerjidir, onu çekmen için onu sevmen ve onunla senin enerjinin, frekansının tutması gerekir. Paraya nasıl davrandığına dikkat et. Paradan bahsederken nasıl sözler kullanıyorsun, gözden geçir. Sevgiyle harca parayı, sevgiyle kullan, hiçbir şey için çok pahalı, çok ulaşılmaz gibi sözler de kullanma. Dış dünyaya verdiğin para ile ilgili enerji ve inanış, sana geri gelir ve cüzdanında son bulur. Para bazlı konularda şikayet eden enerjide olma. Para konusunda neyin varsa ona şükret, hayallerini de o elindekilerin üzerine koy enerji olarak. Yani bir ekmeğin varsa ve bir ev satın almak istiyorsan, o ekmeğin üzerine imgeleme ile evi koy. Bu şekilde şükret. Para konusunda, kaynak sınırsız olduğu için isterken, dilerken nasıl olacak korkusunu taşıma iç dünyana. Bolluk bilincine geçersen, para sana akar. Para verirken veya ödeme yaparken verdiğini alacağını bil çünkü vermek akışı başlatır, geri getirir. Her elinden para çıkarken içinden "Daha çoğu bana geri geliyor." diyerek ver. Faturalarının üzerine sevgi enerjisi yükle. Ödemeleri negatif etki ile ve yakınarak yapma sakın, hep teşekkür et, sevgiyle para gönder. Çok pahalı deme hiçbir şey için, her şeye kendini layık gör. Paranı sev, parayı iste, parayı seç, bir iş yapınca sevgiyle paranı talep et. Pazarlık yapmak kıtlık getirir. Pazarlık enerjisine girmek; evrenden sana geri olumsuz yansır. Senden aldıklarını ödemeyen ya da zor/az ödeyen kişileri yaşamına çekersin. Verdiğin gibisi sana gelir, yaptıkların sana geri yansır. Parayı dost gibi gör. Paraya dokunduğunda, cebine ya da cüzdanına koyarken onu sev ve asla kirli bir şeymiş gibi bir enerji yayma. Yokluğa odaklanma, yok olanın altını çizme. Para ile almak istediklerini hayal ettikten sonra, hayalini iptal etme. Para ile ilgili deneyimleri düşün ve enerji olarak bunları seç. İnsanlara yardım et ve daima destek ol, fakat kimsenin kıtlığına çok odaklanma. Çok fazla odaklandığın her şey sende hapsolur. Biri ile birlikte üzülme para hakkında, onun üzüntüsünü pozitife çeviren ol sen. Onun o olumsuz halini iptal etmesine destek ol, onu oradan çıkarıp aslında hayal ettiği resmin içine sok. Bereketle ilgili cümleler kur ve bu cümleler sana doğru kurulduğu zaman da sevgiyle al ve kabul et. Şikayet eden azı, şükreden çoğu alır. Kimseye acıyıp bir şey verme, insanlara ya da hayvanlara bir şey verirken onları taçlandırmak adına ver. Bu verişi özel kıl, sevgiyle ver, bereketi onlara adeta yüklüyormuş gibi ver. Şükür, para alanında da hızlı çekim yapan bir mıknatıstır.

ALLAH, BİZİM SINIRSIZ MUHTEŞEM POTANSİYELİMİZİ BİLİR.

Hayalin, olmuş gibi sevin. Olmadan bile şükür enerjisine geç ve teşekkür et.

Bir şeyi çok istiyorsan, bil ki o isteğin içindeki öz'den sende zaten var. Bu nedenle, zaten bu kadar çok istiyorsun...

Neyi istiyorsan, onun hissini sen önce iç dünyanda hazırla. İstediğin verilir, istenilen alınır. İstemenin öncesine şükretmeyi koy. Evren, titreşimlerle ayakta durur. Şükür de çok yüksek bir titreşimdir. Senin dış dünyaya verdiğin her titreşim, sana geri gelir. Şu anki durumun önemli değil, sen dua ve inancın gücü ile her şeyi yaşamında oluşturabilirsin. İnanç, kapı açar ve gerçek yapar. İnanmış olmak zaten mucizeyi başlatmaktır. İmkansız yoktur, mucize zaten her yerdedir. İnancı saf ve temiz bırak, içine kuşku sokma. İnanç, olmayanı oldurur, kayıp anahtarı bulup o saklı kapıları açar. İnanç, hiç kapı yoksa bile bir kapı yaratır. Korkusundan bağımsız olmayı başaran, inanç ile iş birliği yapar. Herkes birdir, aslında öz'de tektir. Her gün sen de, birileri için sevinerek onlarla bir olduğunu evrene haykır ve bu şekilde enerjini büyüt. Başkaları için sevinemezsen, kıtlık enerjisinde kalırsın. Başkası için sevinmek, kendi engelini ortadan kaldırmak gibidir. Güneş, her yeni gün herkesin dünyasına doğar, yeter ki almayı bilelim. Hak ettiğimize inanalım.

ALLAH sonsuzdur, evren de sonsuzdur. Sen de sonsuzca dileyebilir ve isteyebilirsin.

Birinin dileklerinin gerçek olması, başka birinin kaybetmesi demek değildir. Dileklerinin önündeki engeli kaldırmadan dilek tuttun, ondan olmadı. Korkularını, geçmişini, blokajlarını fark etmedin ve o şekilde yüklerle yola çıktın da olmadı. Sen, tüm engellerinden üstünsün, sadece onları bırakmaya niyetli ve cesaretli olmalısın. Sağlıksız eski söz, inanç, düşünce ve davranışlar kalıplaşıp bizi bazen biz fark etmeden ele geçirir. Dilekler için tekrar tekrar denemeden önce gerçek engeli bulup ortadan kaldırmak en etkilisi. Tüm olumsuz enerji ve sözlerini olumluları ile değiştir. Buna hemen başla.

"Ağzından çıkanı kalbin duysun, aklından geçeni ruhun duysun."

Sevgiyle ve güvenle adım at. Her verdiğini içinde hiç yakınma olmadan ver, her anı taçlandır ve onurlandır. Yaşam değerli. Para, dilekler, aşk, niyetlerimiz, sağlık, her şey çok değerli. Her sahip olunan, bir diğerini çekecek. Olana şükür, enerji akışını arttıracak.

Hayatında tam olarak alıcı enerjide olabiliyor musun?.. Bunu gözden geçir. Eskiden ve geçmişte çok verdin ama az aldıysan, bu enerji seni bugüne kadar takip etmiştir. Bugün sen, bilinçaltında bir dileğe aslında kendini layık bile görmüyor olabilirsin. O zaman, dilek için niyete girince olmuyordur. "İstiyorum ama olmaz ki, layık değilim ki, beni bulmaz ki" gibi duygular hâlâ blokaj sağlıyor olabilir. Bir dilek ayrıca tam olarak doğru da olmalı, doğruluğu temsil etmeli, herkes doğrusu için var olmalı. İçinde kirli enerji barındıran dilekleri istemek bile doğru değildir, bu dilekler olmaz. Olsa bile ağır yaşam dersleri ile gelirler.

DİLEĞİN, SANA GELMEK İÇİN ENGELLERİ KALDIRMANI BEKLİYOR.

Almayı bilmediğinde, dileğin sana doğru yola çıkamaz. Alma verme dengeni tekrar kontrol et. Birçok insan almayı bilmez, utanır, sıkılır, kendini büyük veya değerli anların içinde göremez. Bilinçaltımız bazen alma konusunda geçmişi kullanarak bizim üzerimizde almayı iptal eder. Unutma, senin dileğini sana ritüel, tılsım, dualar aslında verecek. Tüm bu yapılanların, aslında tek muhatabı ALLAH. Sen insanlarla ya da koşullarla muhatap değilsin, Yüce Güç ile muhatapsın. O zaman tüm korkular anlamsız. Kutsal kaynaktan istiyor olduğunu idrak et ve diğer koşullara takılma.

Her enerji gerçektir, her enerji yola çıkar ve maddeye dönüşür.

Bazı insanlar bir dilek olup bir sonuç alınca, sanki kendi değerli bir şey yaşıyorken başkalarına haksızlık oluyormuş gibi de inanır. Bu tamamen yanlıştır; sen kimseden bir şey almıyorsun. Kimsenin kısmetinden de çalmıyorsun. Sen, senin olanı ruh olarak aslında bilip hissedip, bunu kendine çekiyorsun. Sana geleni al, ona gelecek olan onunkidir. ALLAH'ın izniyle seni bulması gereken, sonsuz kaynaktan sana akıyor. Herkesin yolu da akışı da başka.

ALLAH, "İsteyin vereyim." diyor, iste o zaman.

Bir şeyin sana gelmesi için, onu çok sevmen gerekir. Niyetini, dileğini sev. Bu sahip çıkma ve sevgi enerjisi ile sarmalama, değer katıp akışı güçlendirir. İnsanlara, kendine, doğaya, hayvanlara dileğinden bahsederken "hep varmış, olmuş" gibi söz et. Var enerjisini yay. Her şeyin özü sevgidir, tam olarak sevip inanmış olduğun dilek sana doğru akar. Ağzından çıkan her söz kod'dur. Dileğini anlatırken sen kimsin, nasıl oluyorsun, nasıl bir enerji ile bahsediyorsun, dileğini ve ona dair her şeyi pozitif kod'la. Dileklerin için yola çıktığında; başkaları için de mutlaka iyi dileklerde bulun. Eden bulur, herkes ettiğini bulur. Bu enerji yayma yasasını sakın unutma. Başkaları için dilediklerin, yansıma ile sana geri gelecek. ALLAH seni çok seviyor, sen de kendini çok sev. Kendini seven insan, dileğine de sevgiyi aşılar. Evden çıkarken, göğe bakarken, adım atarken, bir kapıyı açarken hep dileğini an ve taçlandır. Yürekten paylaşmayı bilenler, dileklere daha açık olan kişilerdir. Birinden bir şey alınca sen, ona daha çoğunu ver. Bunu sık sık yaptıkça, mucizeler daha çok kapını çalacak.

Niyet et. Senin içinde her şeyi bilen bir öz var. Yüksek benliğin, yani ALLAH'ın senin içindeki zerresi görevi devralıp gerekeni yapacak. İçin bilir. Geçmişte edilmiş bazı söz ve karma yeminleri, bugün senin dileklerinin önüne set çekebilir. Hiç hatırlamasan bile, belki de onlar senin enerjin üzerinde hâlâ etkili. Sen artık, bu yaşamında eskilerden kalan tüm kayıtları dönüştürüp bunları sevgiyle göndermeye niyet ediyorsun. Bu boyutta ve başka boyutlarda, ettiğin tüm yeminleri, manevi anlaşmaları, yanlış kayıtları, hatalı girilmiş kodları geri alıyorsun. Şimdi ve tüm zamanlara doğru yeni seni ve dileğini seçiyorsun.

HATIRLA

"BEN her şeyin en iyisine layığım. ALLAH'tan bir parça taşıyorum içimde ve özümde. Ben sevgiyim, sevgi taşırım. Sevgiden oluştuğum için, sevgiyle her şeyi yaşamıma çekerim. Almaya hazırım. Güneş her gün benim de üzerime doğar." diyerek günlerini taçlandır.

Olumsuz etki ve enerjilere çok odaklanıp adeta onları canlandırma. Onlara güç katıp kendini bloke etme.

"Bu yaşamdan veya başka eski kayıtlardan kalan, benim veya başkasının yazdığı, yaptığı, yolladığı, ilettiği, sevgi bazlı olmayan tüm enerjileri geri yolluyorum kaynağına, iptal ettim tüm zamanlara doğru. Ben, her şeyi ışığa ve sevgi olana dönüştürüyorum." diyerek KALEM, FELAK, NAS, BAKARA, YUNUS, YUSUF SURELERİNİ oku ve sende kalmış olumsuz etkilerini iptal et.

Sana kötülük yapmış kişileri tüm kalbinle ve benliğinle "affetmezsen" ikiniz arasındaki o olumsuz bağ hâlâ enerji yollamaya devam eder. Ama affedersen hem yaptıkları zaten ilahi planda zaten onlara dönecek hem de senin yolun açılacak. Affet, sen bu blokajı taşımayı hak etmiyorsun.

Konuştuğun her neyse sen onu gerçek yapıyorsun, ona anlam yükleyip onu canlandırıyorsun. İstemediğin şeyi aklına bile getirme! Yok hissi ile yaşarsan, o şey sende olmaz. Var hissi ile zaman geçirirsen, sana gelecektir. Akışta ol, farkında kal.

Dua: "Bu ve bunun daha da güzeli olsun ALLAH'ım, amin."

AYNA ÇALIŞMASI

“….. (adını buraya yaz ve söyle) seni gerçekten çok seviyorum. Her şeyin en iyisine layıksın. Sen alıcı enerjidesin. Artık hep alıyorsun, yükseliyorsun. Sen bir tanesin, teksin ve özelsin.” Ayna karşısında bunları kendine uyku öncesi 21 gece tekrar et.

FARK ET.

BLOKAJI KALDIR.

NİYET ET VE BIRAK.

YAŞAMINA ÇEK.

GİZEMLİ "EDRİ" UYGULAMASI

Edri "bilinmeyen" anlamını taşıyan Arapça kelimedir.

ÇALIŞMA 7 GECE SÜRECEKTİR...

7 adet beyaz ve temiz kâğıt al.

Büyük harf ile her birinin üzerine EDRİ yaz.

Her bir kâğıda ayrı ayrı, yaşamında seni bloke eden, artık istemediğin, kurtulmaya niyet ettiğin konuyu söyle.

Tek bir konu için odaklanılırsa, daha net sonuç olur.

Konuyu bu şekilde belirtip, net olarak ortaya koyduktan sonra:

Her bir kâğıdın üzerine, EDRİ yazısının üzerine birer tutam kaya tuzu koy.

Her kâğıda birer adet Tebbet Suresi oku ve üfle.

1 gece bu şekilde her şey beklesin.

Ertesi sabah tuzları topla, temiz yarım bardak suyun içine kat ve erit.

O anda konunun artık eriyip gittiğini ve senden çıktığını düşün ve inan...

Tuz eritilen suyu denize dök. (Deniz yoksa başka su alanı)

Kâğıtların EDRİ yazan kısımlarını da kesip suya at.

Tüm işlem bitince, Fil Suresi'ni oku.

İLİŞKİ ve "NAR" MUCİZESİ

Bir adet narı yatak odanın kapısının iç tarafında torba içinde yere atıp parçala.

Yerde duran narın üzerine; ilişkinle ilgili kurtulmak istediğin detayları söyle.

Ardından TAHA, KASAS, NAHL, TEVBE SURELERİNİ oku...

Narı 2 adet kaseye paylaştır.

Her bir kaseye, birer ENBİYA SURESİ oku.

İkiniz de kendi kasenizden narları yiyeceksiniz. Yeme gece yapılacak.

Sabah, her iki kaseye de birer avuç toprak koy.

Barışma ve ilişkide iyiye gidiş olana dek toprak duracak kaselerde.

Her şey şifalanınca, toprakları evin dışında doğal toprak alana geri koy.

AŞK ÇEMBERİ

اَلْجَامِعُ

اَلْوَدُودُ

اَلْغَنِيُّ

Bu çemberin üzerinde saat yönünde 7 kere sağ elindeki işaret parmağınla 360 derece dön. Çember, sınırsızlığı ve sonsuz olmayı sembolize eder. Dönerken aşk ve sevgiye dair niyetin neyse bunu söyle. Sonra, dairenin üzerine odaklanarak ve niyetini içinden geçirerek NİSA, NUR SURELERİNİ okuyup 21 kere Besmele çek ve son olarak YASİN SURESİ 58. AYETİ oku. En sonunda da, 71 kere KEVSER SURESİ okuyup son olarak konuyu mühürlemiş ol. Okuma bitince etrafında ALLAH'ın aşk adları geçen bu çemberin üzerine yazı yazdığın elini koy ve ardından aynı elini kalbine koy; o kişi ile ilgili hayallerini canlandır ve imgele. Gece yatak odanda bu sayfa kitaptan açık olarak uyu. Ve bu çemberin üzerinde yalnızsan senin, biri varsa onun resmi olsun…

ALLAH'IN
VERDİĞİ
DERTLERİN
ALTINDA,
KISMETE
ULAŞAN
GİZEMLİ
YOLLAR
ÇIKAR.

KISMET / Tuğçe Işınsu

GÜZELLİK İKSİRİ VE SIRLI UYGULAMA

Zayıflamak ve iştah kapatma için:

903 kere YA KABİD

550 kere YA MUKİT

134 kere YA SAMED esmalarını oku.

Bu esmalar, anlam ve etkileri itibarıyla "iştah kapama, tokluk hissi, tıkanıp az yeme, kolay doyma" üzerine uygundur.

Yarım bardak ılık suyun içine 1 çorba kaşığı gül sirkesi ekle ve yukarıdaki okumaları yap. Suyu aç karnına sabah ve uyku öncesi gece iç. Dilediğin süre zarfında devam et.

Yüz güzelliği için:

YAŞ MAYA'ya 336 keye YA MUSAVVİR esması oku.

Biraz su ekleyip macun kıvamı elde et mayada.

Mayaya doğru NİSA VE NUR SURELERİNİ oku.

Buhara tutup yüzündeki gözenekleri aç, 10 dakika kadar yeterli.

Ardından, mayadan oluşan maskeyi sür yüzüne.

Kuruyunca yıka... İstedikçe tekrar et.

ÖNERİLEN OLUMLAMALAR:

Bedenimi ve kendimi seviyorum.

Güzel olmayı ve öyle görünmeyi seçiyorum.

Olduğum halim, en güzel halim.

Ben ideal kiloma kendimi de formatlayarak kolayca ulaşıyorum.

Dönüşümü seçiyorum.

Ruhumdaki olumlu yeni enerji, yüz ve bedenime yansıyor.

Kendimi olmak istediğim görüntü ve frekansa uyumluyorum.

Işığımı yansıtıyorum.

MUCİZELERE KAPI AÇAN ÖZEL "MELEKLER UYGULAMASI"

"Hiçbir kimse yoktur ki, üzerinde koruyucu bulunmasın."

SAD/35

Aşağıda birçok konuda görevli kutsal meleklerin isimleri bulunuyor. MİKAİL CEBRAİL İSRAFİL AZRAİL başmelekler dışında, ALLAH'ın görevlendirdiği birçok melek mevcuttur. Niyet ve dileğini beyaz bir kâğıda yaz ve aşağıda meleklerin adlarının tam ortasında bulunan boş alana dilek kâğıdını koy ve bu şekilde uyu sayfa açık olarak… Rüyanda mesajları takip et. 7 gece çalışmaya devam edebilirsin.

Keryail	Kiryail
Rukyail	Fetyail
Nuryail	Dehyail
Anyail	Hinyail
Remyail	Enyail
Hezyail	Selsail
Hehyail	Vahyail
Mutyail	Lütfiyail
Atyail	Batyail
Kutyail	Menciyail
Derdyail	

GÜNEŞ TILSIMI VE SIRLAR

Tılsımın üzerine ŞAHMERAN DUASINI oku.

7 SABAH GÜNEŞ DOĞARKEN, bu tılsıma bakarak ismini, niyetini ve dileğini söyle.

Yanında da taşımak istersen çiz veya fotokopisini al.

Bu güçlü tılsım kısa süre içinde enerjisi ile senin yaşamında aktif olarak, çekim alanı ve yeni şanslar yaratır senin için.

TILSIMLARIN GİZEMLİ GÜÇLERİ

Tılsım, sen ona ne kadar inanırsan senin için o kadar çalışır. Ona yüklediğin anlam kadar o var olur. Tılsım, evrenle bir olarak çalışır, sen komutu verince enerji aktifleşir. Tılsım, seni korur ve dileklerin için yol açmaya başlar. Ayet, dua, esma, sembol ve mistik figürlerden oluşan bu sistem; eski kayıtlara aittir. Tılsım, bilinmeyeni ve esrarengiz olanı temsil eder. Yaşama pozitif etki için tasarlanan tılsım sistemi, aracıdır. Esas olan elbette, tüm sonuçlara sadece ALLAH'ın karar vermesidir. ALLAH, dilediğine dilediği kadar verir. Temiz bir kalp ve iyi niyetle konuya yaklaşıyor olmak gerekir. Bu kitap tılsım içerdiği gibi, senin hayatında da enerji anlamında olumlu etkiler oluşturmak için tasarlandı. Kitapta yoğun telkinler var, kitabı yalnız ve herkesten soyutlanıp okumalısın. Pes etmemeli, gereken çalışmaları tekrar etmelisin. Kitaptaki telkinlerin sende etki etmesi için, uyku öncesi okursan daha iyi olur. Kitaptaki enerjilerin bölünmemesi için kitap sana ait olmalı. Kitabın içinde kendine has bir enerji ve kurgu bulunuyor. Kitapta içerik bölümü özellikle yok, kitabın kendine has akışı var ve ilerleyerek bu akışı izlemen için bu sistem koyuldu. Kitapta atlamadan kitabın içindeki sıra ile uygularsan daha iyi olur. Kitaptan içinden gelenleri ve hazır olduklarını al. İçinden gelince yap, görev gibi ya da mecburmuşsun gibi yapma. İnanmayan veya senin yaptığın çalışmaları olumsuz kod'layan kişilerle vakit ve enerji kaybetme. Kitap bilinçaltı kanalı ile seni güçlü ve bilge yapmayı amaçlarken, içindeki mistik yollarla da sendeki enerjiyi açığa çıkarmak istiyor. Kitaptaki sana uyan çalışmaları yaptıkça, kendinde bir iyiye gidiş ve dönüşüm göreceksin. Bu kitap bir dilekleri gerçek kılma yolculuğu fakat diğer yandan sende büyük farkındalık yaratmak adına da özel bilgiler içerir. Manevi bir yola çıkarken, bilinçaltı gücü ile esmaları, duaları yani inancı bir arada uygulamak çok daha verimli olacaktır. Akıl ve mantığı kuvvetlendiririrken, yaşamış olduğumuz bazı olayların altında yatan sebeplerin içindeki gizemleri veya sıra dışı açıklamaları da yine bu kitapta bulacaksın. Bu kitap, dileklere yolculuk yapman kadar, kendi iç dünyana ve içindeki tanışman gereken güçlere de bir yolculuğundur. İnsan, çok özel ve derinlikli yaratılmıştır fakat güçlerini kullanmayı unutur ve bazen hatta reddeder. Sen, dünyanın geldiği bu özel süreçte her zamankinden çok kendine ve yaşamına sahip çıkmalısın. Kitap da senin yanında olacak.

PES ETME, DEVAM ET.

Her şeyin bir zamanı ve elbette manevi sebepleri var. Aslında her şey akışta ve hep "en olması gerektiği gibi". Korkuyu bırak, kabule geç ve içindeki dersi bul. Olman gereken yerdesin ve ilahi anlaşma senin olman gereken yeri zaten biliyor. Kalpten iste, saf enerjini melekler hisseder. Tam da ihtiyacın olan deneyimler, sen manevi adımlar attıkça seni bulur. Geç kalmadın ne hayata, ne kendine. Her şey vaktinde 'ol'ur, erken de olmaz. O nedenle acele etme, acele de korkudur çünkü... Mucizeyi arama, mucize sensin. Sen, senin hayatının en büyük mucizesin. Mutlu olman için, konuyu artık bir şarta bağlama. Mutluluk özgürdür ve o bahsettiğin insanlara bağlı da değil. Senin mutluluğun ALLAH'tan gelecek, hiç kimse seni mutsuz da etmez. Sen ancak kendini mutsuz edersin, bir insanın kendine ettiğini, başka kimse zaten ona edemez. Bugün de hayattasın, ne güzel... Herkese güzel ve iyi kalple bak. Kendin olmak için buradasın. Kaybetme yok, kaybetme kelimesini unut artık. O gitti dediğinle senin arandaki ilahi anlaşma bitmişti, o gitmedi senden çıkarak form değiştirdi ve ait olduğu yere geçti sadece. Her şey zamanı gelince öz'e geri gider. Yani o ait olduğu yerde, sana güzelce hizmet etti. O gidene sevin yani. Aradığını bulman, neyi neden aradığını kendine itiraf etmenle ilgili öncelikle. Hayatının tüm dönüm noktalarını otur ve yaz. İşte tüm bunları ilahi anlaşmada yaşamına sen çektin, hepsi de seninle ilgili. Senin bir ruh olarak tüm o yaşanmışlara ihtiyacın vardı. Sen artık sadece sana ait ol; artık arzu ve niyetlerini insanlara basitçe sunma ve onay bekleme. Onlar senin, senin için. Bölüp enerjiyi, yok etme.

Dilekler yolculuğu bir kişilik bir yolculuktur, tek inanan sen olacaksın ve bu yeterli. ALLAH seni yaratırken sana birçok üstün yetenek yükledi, sen bunlarla yapabileceğinin en iyisini yapmak için buradasın. Kendini kimseyle kıyaslama, kendini eski senle sadece kıyasla. Şükür enerjini artırırsan, kıyaslama denen sahte ve tuzak kavramdan uzak durursun. Burası, imtihan yeri yani zaten bu anlamda herkes eşit olamaz. Kendin olmaya odaklan ve bu senin kendi şifacın olman için açılacak ilk kapıdır. Kendine manevi yatırımlar yaptıkça, sadece kendini iyileştirmek isteyeceksin. Başkaları için yaşamamak, spiritüel yolda bir ilerleyiştir. Birileri kötü olunca sevinebiliyorsan, bunu her yapışında sen geriye gidiyorsun demektir.

UZAK DURMAN GEREKENLER

Enerji vampiri, zekiyse başta dost görünür. Önce anlam veremez ona enerjini kaptırırsın, o da senden beslenir. Bir şeyler kötüye gitmeden konuya el koymak istersen sadece sezgini dinle: ilk gelen bilgiler doğru. Bir enerji vampiri asla kendini açık etmez, abartılı halleri olur, kendi faydası için senin enerjini arsızca emer.

Seni taklit edebilir, sende beğendiği şeyler vardır.

Senin iyiliğini istemez, yani hata yapmıyor aslında.

Stratejiktir fakat kendine masum süsü verir.

Sahte iltifatlar kullanır.

Mutlaka senin arkandan iş çevirir, gerçekte seni sevmediği için arkandan kötü konuşur.

Gizlice seni durdurmaya çalışır, iyiliğin için durduruyormuş gibi yapar.

Senin hatandan gizlice mutluluk duyar.

Seninle rakiptir aslında o, seni gizlice tüm detaylarınla ezberler.

Seni insanları sevmemen için iknaya çabalar, ona odaklan ister.

İlişkilerini bozar.

Bu kişiler aslında ilk başta net bellidir, en büyük tuzak bunlara bir kere şans vermiş olmaktır. İyiliğin için çalışıyormuş gibi yapsa da "hep bir iç huzursuzluk" hissedersen kendinde, bağı hemen kes işte.

Bu kişilerle eterik kordon kesme çalışması yaptıktan sonra sen, onlar seninle daha çok bağ kurmak için hamle yapar. Çünkü senin kurtulma çabanı sezerler. Bu kişilere karşı sürekli konuşma anında X işareti imgeleyip onların sana olan enerji geçişini iptal ettiğini imgele. YA MANİ esmasını onunla birlikteyken ya da o aklına gelince sık sık zikret. Mor bir süzgeç imgele; onunla ilgili olumsuz anları imgeleyip bu süzgeçten geçir ve kalanı yani süzgeçten kalanı erimiş gitmiş olarak imgele.

Eğer kendini çok sever ve kendi frekansını üst seviyeye programlarsan, aynı enerjide artık olmadığınız için bu kişiler senin gerinde kalır ve bir vesile ile bağ kopar.

YA FETTAH YA ALİM YA HAK... Bu gibi durumlarda, bu esmaları bolca oku.

ENERJİ YASALARI

Kendine dürüst ol.

Doğanın bir parçası olduğun için, çözümler ararken doğaya git.

Sorumluluğu al, 'bendendi' diyebil.

İyi bir şey olunca; sen de birilerine karşı verici ol.

İnançlı ol ve olanlarla zaman geçir.

Dua et ve erken kalk.

Kendini keşfet, bir sorun olunca içeriye soru sor.

Senin olmayan ya da aslında sana iyi gelmeyecek hiçbir şeye göz dikme.

Hatadan sadece ders al.

Yargılama, kimse hakkında olumsuz düşünme.

Bilgece yaşa hayatı, düz bakma ve altındaki anlamları bul.

Ben deme, biz de.

Kendi inandığın hiçbir şey için, kimseyi ikna etmeye çalışma.

Kendini dengele.

Seni, sen iyileştireceksin.

Herkes aynı evde yaşıyor: dünya. Herkesin dolaylı bile olsa, senin kaderinde yeri var.

İncitme ve kalpten sev.

Kendini her an geliştir, zamanı kutsa.

Bir şey artık iyi gelmiyorsa; gitmesine izin ver.

Araştır, keşfet.

Senin için en çok ve aslında sadece sen faydalısın.

Tek başına çokça zaman geçir.

Kaybolmuş ruhlar yoluna çıkarsa, sen onların bilgesi ol.

Seni desteklemeyen enerjileri, bir bahane bulup hâlâ yaşamında tutma.

Kendine iyi gelmeyeni mecbur hissedip hayatında hapsetme.

Seçim yap ve arkasında dur.

Bitişlerden yılma, bitenin yerine yenisi gelecek. Zaten akış kuralı bu.

Sevgini değene ver, değmeyen için yapılan sana zarar olarak geri döner.

KENDİ GERÇEĞİNİ ARIYORSUN AMA ONU BULUNCA, ONDAN İLK KORKAN DA SEN OLMA. KENDİ GÖRKEMLİ HAYALLERİNE AİTSİN VE LAYIKSIN.

Kendine yalan söyleme, kendine dürüst ol ve emin olduklarından taviz verme. Bir yola girip hemen vazgeçme, yaparım sanıp bahanelerle sonra kaçma, adımı atıp sonra başkalarının seni durdurmasına izin verme. Aslında sevmediğin birini sırf mecburmuşsun gibi düşünüp hayatında tutma. Hem belirsiz olmayan bir yaşamı istiyorsun hem de kendin niyete girdikten sonra eski korku kayıtlarını devreye sokup baltalıyorsun. Birçok kişi yalnızlık korkusu ile mesela, aslında çok kötü giden ilişkisine anlamlar yükleyip devam edebiliyor. Gerçeklerden kaçarak, sahte bir oyunun içinde ruhunu hapsetmeye: yaşam denemez. Kendine en faydalı olanı seçebilen misin, yoksa sorun çıkmasın diye kendine yalan söyleyip aslında başkaları için mi yaşıyorsun... Bunları keşfetmek zorundasın çünkü senin dileklerine giden yolunda eğer sen kendini değersizleştirirsen yine bloke olup sonuç alamayacak olan da sen olursun. En üst mertebe kişinin kendisi için yaşamasıdır, bu sana bencillik olarak öğretildiyse bu yalandan kurtulmalısın. Birilerinin sana mutluluk vermesini bekleyemezsin, sen mutluluğu kendin yaratacaksın. Sende olmayanı sana kimse veremez, senden çıkmayanı evren sana geri yansıtmaz. Dünyaya bir kez geldin, tüm şans ve olasılıkları kendin için mümkün hale getirmelisin. Hayatın ve detayların farkında varıp yüzleşmeci olursan kapılar açılacak. Cesur ol çünkü oldukça; hayat sana istediklerini sunacak. Her an ve her an, sevdiğin şeyleri düşün. Eskiyi ve olumsuzu bırak, eskiler aklına gelince kes ve at. Bir süre sonra zaten başlayacaksın dönüşmeye. Dönüşümün rayları tam oturunca, artık olumsuza hiç yüz vermediğini göreceksin. Dünya ve hayat, salt mutluluk üzerine asla kurulu değil. Bilakis, birçok acı, zorluk var ki bunlar yaşam dersleri için var ve hepsi de eğitici. Bir dilek ve niyet için yola çıkınca; bu konuda elinden geleni tüm güç ve enerjinle yapmak zaten bir ihtişam yaratmış olmaktır. Yarım bırakma, yanlış anlam yükleme, enerjiyi bölme, inançsız olma. Hakkı ile yapılan ışıldar yaşamlarda. Beklentiye de bağımlı olma, enerjini beklentiye kaptırma. Yaptım ve oldu, en ilahi zamanda beni bulur de ve devam et yola. Beklenti için yapılan hiçbir iyilik nasıl kutsal değilse, bir dilek için yapılan uygulamada sonuca saplantılı olmak da akışı bozar. Yaptığına güven ve inan; sonuç gelir. Kurcalama. Severek yapılmayan şeylerden müthiş sonuçlar doğmaz. Tereddüt ile ritüel yapmak, dua edip "Olur mu ki?" demek, "Ya bu mu işe yaracak?" deyip zaten inanmıyor olmak; sonuçtan geri koyar.

DUA DİLİNDEYSE, TÜM KALBİN VE İNANCIN DA ORADA OLMALI.

Niyet ve dileklere kendimizi adamalıyız. Çok isteyip, içine tam olarak inancımızı yüklediklerimiz ve şüphe katmadıklarımız bize geliyor.

İnsanlarla olumsuz konularını paylaşma; herkes seni gerçekten seviyor. Bazıları ise senin durumuna aslında içten içe seviniyor. Bazıları sen kötü olunca bir oh çekiyor, o da benim gibi deyip rahatlıyor. Yani bunlar, kendi enerji alanlarında senden enerji emiyor.

Şikayet ettiğin her şeyin sana çekileceğini unutma. Şikayet anında kendini bul ve yakala, anında durumu iptal et. HER ŞİKAYET EDİLEN: YAŞAMDA ARTARAK GERİ GELİR.

Seni sürekli eleştirenler, seni yok etmek istiyor, kanma.

Şikayet etme, onun yerine bir bak, nelerde hata yapmış olabilirsin. Enerjiyi mi kirlettin, iptal mi ettin, blokaj mı koydun, hayır mı diyemedin. Yüzleş.

Şikayet bir korunma ve kaçma gibi gelir bazı kişilere. Hamle yapmamak, cesaret göstermemek, sorumluluğu ağır bulmanın bir sonucudur bu. Çözümleri bir reddedip eski rahat ama alıştığı, sorunlu gerçeğine dönmek isteyen kişi şikayete tutunur.

Çözüm için hamle yapamayan, şikayet aldatmacasına tutunur.

Seni kontrol ettiğini düşündüğün kişilerle ilişkini mutlaka gözden geçir. Bu kişiler sana lazım olan, senin öz enerjinden çalıyor.

Bir dilek için dua ediyorsun ama tam olarak kalben ve fikren orada mısın, tüm inancını oraya yüklemeyi de unutma.

Kötü sonuçları düşünerek dua edilmez, ritüel de yapılmaz. Tüm bunlar ALLAH'a teslim edilecektir o nedenle, enerjini de düşüncelerini de gözden geçir.

Sürekli şikayet eden ve seni olumsuza kod'layan kişiler etrafındayken, senin de verimin azalır.

Çözüm odaklı ol, her şeyin gerçekte çözülebileceğine inan.

Aşırı hırs, tamahkâr olmak, bereketi de alışı da tıkar. Doğru enerji ile dua eden ve ritüel yapan ol.

Yaptıklarını zorundaymış gibi yaparsan olmaz; sadece gereklilik gibi görüp anlam, enerji, sevgi kodu girmezseniz sonuç istenilen gibi olmaz.

YAŞAMINI KUTSA

Yaşamını kutsa ve enerji ile donat; sen kendini gerçekten çok seversen kimse seni yıkamaz. Hatta sana yaklaşamazlar bile olumsuz bir şey için...

Hep yeniden başlanabileceğini hatırla, asla geç değil. Zafer de geçici, yenilgi de. Korkma, şu an olumsuz bir süreç devam ediyorsa, geçecek.

Sana sen lazımsın. Başarmak için sandığın kadar kimseye ihtiyacın yok. Sana sadece senin inanman yeterli.

Dua varsa, imkansız yok. Umut varsa, olumsuzluk yok. Sabır var, olmuyor demek yok.

Sen korkamazsın çünkü seni seven ve koruyan YÜCE ALLAH var, eşlik eden melekler de seninle.

Sen bir insansın hata da yapmış olabilirsin, zayıf da düşmüş olabilirsin. Kendinle yüzleş, notlar al ve bu kitaptaki seni ışığa çıkarmayı hedefleyen uygulamalar ile devam et. Zayıf noktaların bile seni yeniden zirveye çıkarmak için aslında.

Sıkıntı yaşıyorken nasıl duaya sığınıyorsan, geçince de derdin duaya ve inanmaya devam et.

Her an dua kapısını çal, sadece dertten geçerken değil.

Bugün bir dert içindeysen: şimdi niyet et ve YUNUS, YUSUF, DUHA SURELERİNİ oku ve arınarak yeniden başla.

BİR ŞEY OLACAKSA, BUNA ÖNCE ALLAH İZİN VERECEK. Bunu unutma.

Bir zarara uğrayınca, bu aslında duaya bir çağrıdır. Çağrıyı duy.

Acelecilik korkudur, ALLAH biliyor sana neyi ne zaman vereceğini.

Hayatın dinamikleri vardır; ilahi plan, ilahi akış, tevekkül, tekamül gibi. Sabır ve şükür ile yaklaş her şeye.

Alış veriş, alma verme dengeni kontrol et. Cimri ve tutan, yani cimriliği ile akışını kendi kapatanlar alışa aslında geçemediği için dileğinin sonucunu da alamaz.

Dileğin ve onun sonucu, menfaat odaklı da olmamalı. Güzel ve iyi niyetlerle dilek yoluna çıkılır, menfaat dolu bir dilek tuttuysan ve bu başkaları için kötüyse, sonucu gözden geçir.

Kimseye taşıyamayacağı kadar büyük iyilikler yapma, iyilik yapmak istiyorsan bunun da yerini doğru seç. Bazı iyilikler yanlış kişilerde kötülüğe dönüşür. O iyiliği taşıyamaz, berbat eder. Bu yaşanan son; senin enerjini de bozar.

YOLCULUĞUN SONU

Seni aslında güçlü yaratan ALLAH, maneviyatını yükseltmen için de bazen senin kendini güçsüzlük içinde görmeni sağlar. Bu da bir yaşam dersidir.

Sürekli bir şeyler istemek de doğru değildir. Evet, ayette bile "isteyin vereyim" deniyor fakat sürekli isteyen ve hiç doymayan da bazı insanlar vardır. Bunun arkasında, başka sırlar vardır aslında. Sürekli istemek de başka acıları, eskileri, sırları kapatmak ve hatta bunlardan kaçıştır. Başka şeylerle yüzleşemeyen insan, sürekli bir istek peşinde koşarak oyalandım sanabilir. Bu durumda o dileğine kavuşunca yine mutlu olmaz, yeni bir dilek veya istek tasarlar durur o vakit...

Olmaz diye bir şey yok, KUR'AN'da umut ve ümit hakkında birçok ayet var. ALLAH'tan umut kesilmez fakat hayrımıza olanı isteyecek seviyede de olmalıyız. Şartlar ne olursa olsun, ALLAH'ın gücü zaten her şeye yeter.

Bir dileğin sürekli üzerine de düşme, gerekeni yaptıysan artık akması için onu serbest bırak.

Sana yetecek kadarı seni bulur. Sen enerjini değiştirdikçe, daha fazlası da sana gelir.

Enerjiyi dinle, hep konuşma. Bazen de sus ki: duyabilesin...

Elindekine bu az deyip geçme, ona sahip olmayan da var. Şükret ki akışı sağla.

Kısmet, senin ona yüklediğin anlamlar kadar var. ALLAH senin kendi kısmetin için de çalışmanı istemeseydi, sana çaba gösterme gücü zaten vermezdi. İnsan çaba gösterdiği sürece, varlık da gösterir. Birçok ayet de bu konuya net olarak işaret eder.

Birlikte zaman geçirdiğin herkesten enerji alıyorsun, onlara da enerji veriyorsun. İçinden gelmeyen, his yolu ile sana şüphe veren hiçbir şeye mecbur değilsin. Çevresel faktörler, yaşamlarımız üzerinde etkili. Okuduğun, zaman ayırdığın, konuştuğun, alış veriş yaptığın herkes/her şey senin enerjine dair etkili.

Kendini bulman için belki de şu anki senden, bazı detaylar ile ilgili vazgeçmen gerek. Eskiyi bırakman kolay olmasa da bazen yapılmalı.

Ne yaparsan yap, yolun sonunda sokak sadece sana çıkar. Dileğin olunca da, kendinle ilgili bir yeniliği keşfedeceksin. O dileğin sonucu, seni yeni biri yapacak. Dileğin kendisi değil, sonucun sana katacağı değişim aslında senin yolculuğunda esas olan.

KENDİNE BORÇLUSUN

En çok da kendine zarar verdin; yaptıklarınla ve yapmadıklarınla. Kendine bir özür borçlusun. Önce kendinden başla yani. Belki birçok insandan özür diledin ama kendini es geçtin. Sana zarar verdiler sustun, hayır diyemedin acı çektin, alacaklıydın boş ver dedin, ikna ettiler seni sen de vazgeçtin, ezdiler belki de haksızlık yaptılar... Tüm bunlara izin vermiş olmandan dolayı ilk önce sen, kendinle yüzleş ve kendinden bir özür dile. Eski olmuşlara sünger çekip devam etme; önce fark et kendini çok mu ihmal ettin... En çok seni sevmeli ve senden özür dilemelisin. Yapacağın her şey kendinedir zaten. Neyi kaybettiysen yerine geri koyman için, önce özür sonra sevgi ile başla. Özsaygı yıkılırsa, diğer konular zaten işlemez. Birilerine kızıyor sanıyorsun kendini ama sen aslında kendine öfkelisin; yaptıkların ve yapamadıklarından dolayı. Küçük konuları bundan sonra gözünde büyütme. Kendine değer ver. Almayı bil, talep etmeyi de. Biri seni kırıyorsa, yine yapacaktır. Bazı ilişkiler bitmek için artık. Hak etmeyen kişilere değer verip onlardan sevgi beklerken, aslında kendi iç değersizliğini keşfetmeliydin. Sen kendine ver o sevgiyi; sonra seni sevecekler zaten seni bulur. Başkalarının yükünü yüklenme, senin hayatından gidiyor. Bırak ve merak etme, sen olmasan da bir yolunu bulup kendileri halledecek. Herkese yetişirken, kendi mutluluğuna geç kalma. Geçmişi bırakamazsan, bugünkü olasılıklar seni bırakıp gider. Özgüven ve özsaygı, ilk ihtiyaçların bunlar. Samimi ol kendine, duygu katarak yaklaş. Kırılmış olman, gelecekte konu ve koşulların hallolmayacağı anlamına gelmez. Kendini duygusal olarak emniyete al. Tereddüt yaratan konuları ele. Zarar içeren konuların farkında ol. Kimseyle ego bazlı savaşma, bu sadece güç kaybıdır. O seni bir oyunun içine çekip enerjini çalacak ve kendi böylelikle beslenmiş olacak.

KABUL ET, YÜZLEŞ, HAREKETE GEÇ, DÖNÜŞTÜR.

SEN SENİN EN YAKIN DOSTUSUN, KENDİ DERİNLİĞİN İLE TEMASTA KAL. Herkesle samimi olma zorunluluğun yok, sana iyi geleni seç. Hayal kur, yeni hayaller sana iyi gelecek. Erteleme.

BUGÜN YAPILACAKLAR LİSTESİ:

En önemli sensin, bugün ertelediğin bir şeyi hemen yap. Bu, bir akış getirecek.

Hayır demen, bir olumsuzluğa engel olacak. Bu güç demektir.

Erteleme, bilinçaltı ertelemeyi ileri tarihlere atar...

Kaybetme korkusu ile bugün kendin olmaktan çıkma.

Hayır dedin diye gidenler; artık ihtiyacın olmayan kişiler...

Güzel bir şey olduysa, arkasından başka güzellikler de gelir. Farkında ol.

Suçluluğu bırak; olmuşlar bir şekilde hayrınaydı.

Kendini serbest bırak; en yüksek frekanstaki konu sana gelecek.

Sınır koy, mesafe koy. Herkes sana iyi gelmiyor...

Takdir edilme peşinde koşma, sen kendini onayla.

Konuları yaşamında tanzim et.

Öncelik ve önem sırası belirle.

Düşünmek ve arınmak için kendine zaman ayır.

Plan yap ve herkesle paylaşma.

İyi hissetmediğin şeyleri deneme.

En doğru zaman iç sesin aracılığı ile sana bildirilir.

Net ve açık ol.

Kendine dürüst ol.

Kaçma, yüzleşmeyi seç.

Zihninle sürekli eskiye gitme.

Mecbur hissetme.

Olasılıkları gözden geçir, daima bir çıkış yolu olduğunu bil.

Kendi gücüne inan.

Fırsatları keşfet, bugün almayı seç.

DİLEYİP UNUTTUĞUN HER ŞEYİ, KISMET KAYDETTİ. EN UMMADIĞIN ANDA, YOLUNA ÇIKARACAK...

KISMET / Tuğçe Işınsu

SEN, GİZEMLİ BİR HAZİNESİN. KEŞFEDİLMEN SADECE SENİN TARAFINDAN OLUR.

Kendini, önce kendine ve sonra herkese ifade etmen ne kadar da önemli. İfade edilmemiş konu ve duygular blokajdır. Hayatın şifreleri de kilitleri de ifade ile ilgili. Susmak ve içte biriktirmek, eskide tutar. Dışa akamayan enerji bize kötü gelir. Her ailede, karmayı etkileyen ifade edilmemiş, saklanmış, sır sayılmış konular vardır. Bir bebek doğarken, aile karmasından enerji geçişi ile bunları alarak bu boyuta gelir. O nedenle, geçmişinin blokajlarını araştırırken buralara da bak. Farkında olmadan bu eski kayıtları yük olarak enerji alanında taşıyabiliyorsun, olacak işlerin olmuyor o zaman. İfade etmek, akmaktır ve özgürleşmektir. Tüm enerjiler, özgür alanda akar bunu daima hatırla. Seni susturanlar, sana engel olmak istiyor. Susma, sor ve ifade et. Susmayı tercih ettiğin konularının altında gizli korkularını mutlaka ara ve bul. İnsanlar seni susturduysa, anlatsam da beni kimse anlamaz zaten diye düşünüyorsan; ALLAH'a anlat. O Vekil'dir ve Duyan'dır, her şeyi zaten. Melekler de seninle ve hep yanı başında. Sen susarak kendini erteleyen olma. Kendine ve geçmişe sorular sormalısın, sana haksızlık yapanlara artık kendini ifade etmelisin, sen kendini bu hayatta kendi doğru bildiğin yolda enerjinle ifade etmelisin. Dileğin için bir yola bile çıktığında, bu yolla kendini aslında hayata, dünyaya karşı ifade etmiş oluyorsun. Kader ifadelerle değişebilir, ifade ettikçe ve konuştukça akış değişir çünkü. Tıkanık olanı açmak için, en derin duygu, istek, öfke, inanmışlıklarını ifade etmelisin. Kendini ifade etmekte zorlanırsan, alıcı enerjiye de geçemezsin. Eğer etrafında kendini aşırı ifade eden kişiler varsa, o zaman sen gerekmediği kadar susuyor da olabilirsin. Bu da, enerji akışını bozar. Anlaşılmama korkusu bazen de ifadeyi iptal eder. Negatif eski duygular, kalıplar, baskı, ifade edebilmenin önündeki engellerdir. Gelişim ifade ile başlar. Kişisel gelişimde ilk kurallardan biri yine ifade edebilmektir. Sen, dünyaya zaten yapacaklarınla kendini ifade edebilmen için geldin.

KENDİNİ İFADE ETMEN, ALICI ENERJİYE DE GEÇMENDİR ASLINDA...

NEGATİF TÜM DUYGULARIN İFADE EDEMEDİKLERİNDEN GELİYOR...

Bunları dışa vurma zamanın geldi.

Öfke dolu isen, ifade edemediklerin çok demektir. Kendini ifade edemedikçe içte büyüyen negatif, hayatın başka alanlarında da sende kendini gösterir. Hatta bir hastalık ile bile son bulabilir gidişat. Korku, panik, endişe, değersizlik, boşluk duygusu bu konunun önündeki engellerdir. Katlanma, kendini yok saymandır. Bunu yaparak seni yok edip yeni olasılıkları da bitiriyorsun. İfade etmeyerek, eski bir olumsuzluğu içinde hapsedip bu olumsuzluğa uygun kişi-konu-olay-gelişmeyi yine çekiyorsun. Bunları dışa atıp akmasına izin verirsen, benzer sorunları artık yaşamazsın. Bizi duygular yönetir, duygu bizi biz yapar. O nedenle, duygu ifade edilmeli. Tüm değersiz, artık hizmet etmeyen eski duygular bizi öz sevgiden, öz'de kalmaktan ve hakikati bulmaktan ayrı koyar. İlahi olana geçiş elbette ki geçmişi bırakmakla olur, bu da ifade etmekle akış bulur. Kendinden daha üst bir güç oluşturmak için kendine de tüm aslında söylemek istediklerini söyle. Geleceğin, şu anki senden besleniyor. Gelecek seni bekliyor ve çok değerli. O nedenle, harekete geçip akışı sağlamalısın. Senden çıkan sözler, titreşim yaratıp her yere yayılır. Bu geçiş, alıp çoğalıp yine sana döner. İfade ederken kullandığın söz ve detaylara, enerjine ve inanmış olmana o nedenle dikkat et. Herkes öz'de sevgi ve aslında dilekler yoluyla, kişisel gelişimde, tüm öğretilerde sadece sevgiyi arıyor. Sevgi için, eski bırakılmalı. Sevgi varsa bu da ifade edilmeli. Kainatta her şey canlı, her şey birbiri ile etkileşimde. Eşyalar, mekanlar, gördüğün her şeyde enerji yüklü ve bir titreşim var. O nedenle gördüğün veya sana ait bir yerde, eşyada, detayda aslında enerji birikiyor. Her şey ve herkes, bir şekilde kendini ifade ediyor. Bu nedenle, bazı şeyleri ellemek veya kullanmak, bir anda kötü hissettirir. Bazen bir yere gitmek ve orada olmak, sebebi bilmesen de iyi hissettirir. Sebebi budur, yani üzerlerinde birikmiş enerjidir. Her yerde her şeyde enerji var, sen de bir enerjisin. Enerjini doğru kullanmalısın, bunun başlangıcı da ifade.

HAYAT KATMANLARI

Bilgisayar oyunlarında seviye atlamak neyse, tekamül yolunda da bir şeyleri fark ettikçe elbette seviye atlar ve başka deneyimler için hazır olursun. Yanlış duygu ve düşüncelerden yaşamını arındırdıkça, daha üst frekanslı bilgiler için de hazır olursun. Kısır döngün devam ediyorsa, bu kitaptaki uygulamalar senin kabuğu kırmanda etkili olacaktır. Olumsuz duygun da sana ait elbette ama sen onun kölesi değilsin, sen bu duygudan özgürleşmek için deneyimler yaşıyorsun. Dersler ve yaşam imtihanları, duygular yolu ile bize aktarılır. Her şey senin doğumunla başlamadı. Sen doğmadan önceki yaşam kayıtları, aile, yazılı olmayan manevi dünya kayıtları, akaşik geçişler, aile önceki karmaları bizler üzerinde etkili. Kader programında, bazı duygu, düşüş, sıra dışı deneyimleri yaşaman önceden belirlenir. Bir ruh olarak, yolculuğunun bunlara gerçekten ihtiyacı olmasa bunlar seni bulmazdı. Duyguları da biz seçiyoruz program dahilinde. İçsel bütünlüğün oluştuğunda, gerekli olumsuz duygular ile yüzleşir ve onları serbest bırakabilirsin. Bir olaydan, kişiden, durumdan duyguları çıkar: geriye bir şey kalmaz. Konuya yüklenen duygu, onu senin hayatında önemi yapar. Özde dönüşüm başlayınca gelecek en büyük nokta; teslimiyettir. Ruh, yol aldıkça teslim olması gerektiğini anlar. Teslimiyet, ALLAH'a teslim olmak, bir olmaktır. Öfke gibi değersiz duyguları artık seçmemektir, teslim olan öfkelenmez. Ne, neden, nereden, neye hizmet için geldi bilir çünkü... Teslimiyet aşamasına gelinince, panik, korku, düşük frekanslı olmak son bulur. Yanlış duygu, kişiyi özden ayırır. DNA ile aileden ve geçmişten; travma, duygu, enerji de geçebiliyor.

Sen kendini tanırken bu anlamda neyi neden yaşıyorsun keşfetmelisin. Bilinçaltı kayıtları bile geçişlerle, geleceğe ve gelecekteki yaşamlara/kişilere aktarılır. Anılar, ruhlar arasında geçişlerle yüz binlerce yıl bile yaşayabilir. Bilinçaltı bir yazılım gibidir, hayatlar da yazılım gibi aslında. Bu yazılım, karma ve duygulardan oluşuyor. Manevi çalışmalar, insanı yaradılışında en çok ihtiyacı olanı sunmak içindir. Varoluşun özü ALLAH'a dönmektir, bu nedenle yaşamda bir yerde biter ve ölüm adı verilen geçişle öze geri gidilir.

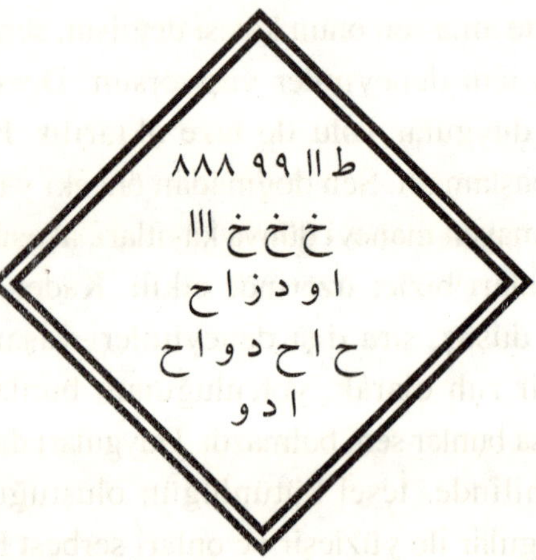

GEÇMİŞİN SANA HİSSETTİRDİĞİ DEĞİŞİNCE GELECEĞİN DE DEĞİŞİR...

BİLİNÇALTI kayıtları değişince, gelecek de değişir. Geçmişi artık özgür bırakan ruh, geleceğini de başka şekilde inşa eder. Arınma ve temizlik netleştikçe, ruhun dış dünyaya yaydığı enerji tam olarak değişir. Bu değişim oldukça, davranışlar da farklılaşır ve son olarak yaşam değişir. İfade edilen duygular akışta olur, akar ve gider. İfade edilemeyen olumlu/olumsuz duygular akışa katılamaz ve kişide gereken değişim/dönüşüm başlamaz. Boşaltım oldukça enerji yenilenir, enerji yenilenirse: hayat dönüşür. Kötü de olsa alıştığın eski ile, sırf korkuyorsun diye yaşamaya devam edemezsin. Tam iyiye gidecekken dönüşümünü durduran, korkup yarıda bırakan çok kişi tanıdım. Eski kötü, tanıdık gelip o tanıdık ile eski hapishanesine devam etmek isteyen kişiler bunlar. Yeni ve güçlü kendi yaşamından, kendi korkup kaçanlar. Yaşam, insan alında ne yarasa yapsın hep eksik. İnsanın tam olması, bir olması ile mümkün. İnsan ancak ALLAH ile bir olursa tam olur. Bunun için de bu boyuttan ayrılıp esas boyuta geçişi ile bu durum mümkün. O nedenle dünya hayatı bir yere kadar önemlidir, ahiret esas olandır ki bu, KUR'AN'da açıkça ayetlerde anlatılmıştır. İnsan evrenin bir parçası olduğu gibi, insanın içinde de koca bir evren yatar. İnsan, sandığından derindir ve buna uygun şekilde kendini aşmalıdır. Bilinçaltımızda, eski binlerce yıllık olayların bile duyguları hâlâ bu andaymış gibi canlı olabilir. Bilinçaltı bu anlamda eşsiz ve sıra dışı bir gizemli kutudur. Geçmişte insanlık birçok zorlu salgın deneyimi yaşadı. Ruhsal hafızada ve bilinçaltında birçok salgın kaydı tutuldu yani. Kayda giren tekrar eder! Virüs gerçeği de bu şekilde tekrar dolaşıp bizi buldu bir anlamda. Kayıtta olan tekrar eder, kayıttan çıkan tekrar bizleri bulamaz. Yaşanmış olaylar, duyguları yaratır. O eski duygulara sahip çıkıp yaşamında tutmuş olabilirsin ama o duygunun esiri olmak zorunda değilsin. Çeşitli zamanlarda başka deneyimlerde, tekrar sen o duyguyu çağırdın. O eski duygudan sen özgürleşince; aynı tarzda deneyim sende tekrar etmez.

Yüklediğin anlam ve duygu değişince, o olaydan/konudan/yaşanmıştan özgürleşirsin. Bu gerçekleşince, sorun tekrar etmez.

HER ŞEY CANLIDIR, MEKAN DA EŞYA DA...

Bir eşyanın bile yeri değişince o odada enerji değişir ve bu değişimden o odada zaman geçirenler nasibini alır. Olaylar, mekanlar, eşyalar, her şey canlıdır. Sadece insan, bitki, hayvan canlı değildir yani. Olaylar da canlıdır, geçmişte kaldıkları için enerjileri, titreşimleri bitmez. Her şey her an'da yaşar ve hep vardır. Biz sadece yüklenen duyguyu oradan silersek bize ait olan kısmını işin kurtarmış oluruz. Bir otelden yıllar içinde belki yüz binlerce insan geçer, her biri orada o odada enerji bırakır. Oda fiziksel olarak temizlenir ama orada bir katil, bir ünlü, bir âşık, bir milyoner geçerse orada elbette ki farklı frekansta bir enerji bırakır. Sen de aynı odada kalınca o odada yaşanmış olaylar bile aslında canlı olduğu için, bu durumdan nasibine düşeni alırsın. O odada bir sürü şey ifade edildi, anlatıldı ve yaşandı. Bunlar o odada halıda, duvarlarda, yatakta, yerde yaşıyor. Bu anlamda mekan da, oda da, eşyası da olayları da canlı bir anlamda. Mekanda yaşanan olayın enerjisi, maddeye etki ediyor. Enerji somut olarak oraya yansıyor. Kutsal mekanlar için de durum böyle. Elbette o mekanın kendi kutsal geçmişi ve enerjisi var. Bunun dışında, oraya belki milyonlarca insan gidip, dilek tutup, dileği olunca oradan bahsedip "oranın aslında kutsal veya dileği gerçek yapan enerjisini" artırıyor ve bu enerjiyi büyütüyor. Bu mekanlarda edilen dualar da bu mekanı farklı boyuta taşır. Dua edilen ev ile edilmeyen evin enerjisi bir değildir. Dua, hangi enerji ve ruh hali ile edilirse o kadar etki farklı olur. Çaresizce dua edilemez çünkü duanın muhatabı ALLAH'tır. İfade etmenin gücünden ve yansımalarından bahsettiğimiz bu sayfalarda, insanın kendini, duygularını, içindekileri ifade etmesi ile büyük bir rahatlama, dönüşüm elde edeceğini anlattığımız gibi ALLAH'ın yüce isimlerini "ifade ederek" insanın aslında kendi özünü de ifade etmiş olacağını da bir kez daha önemle belirtelim. Senin ruhunun derinliklerinde huzur ve mutluluk bulman, dileklerine kavuşman için "esmaların gizemi" her zaman senin için hazır. Bu kitapta bu anlamda birçok özel okuma verdik, mutlaka dene. ALLAH, insana kendi ruhundan üfledi, insana bir zerre kendinden üfledi. Sen ALLAH'tan zerre taşıyorsan, sadece ALLAH ve ilgili konularda ilgilenip mutlu ve dingin olabilirsin. Bu ana konulardan uzaklaştıkça, hata yapar ve kendin olamazsın. Kendini bulman için sadece ALLAH ile meşgul ol.

ÖZ GÜÇLÜYSE, NEGATİF GİRİŞ YAPAMAZ.

Yaşanmış olumsuz duygular temizlenince, öz olan ortaya çıktıkça negatifler artık eskisi gibi saldırgan olamaz. Kişiye geçiş de yapamaz.

Enerji alanını güçlendirirsen, olumsuzluğu ne düşünürsün ne de bu tarz geçişlere izin verirsin.

Olumsuz eski kayıt ve duygular, bir delik açar enerji alanımızda. İşte o delikten dolayı biz savunmasız kalır ve yeni olumsuzlukların geçişine kapılırız. İnsan, kendi bir enerjidir ve her şeyi de olumlu/olumsuz enerji ile deneyimler yaşamında.

Öz; saf ve nettir, olumsuzu hiç taşımaz. Öz için saf ve samimi kalp ile yola çıkmış bir ruh tökezlemez. Saf ruha dönüş esastır yani. Aura manyetik enerji kalkanımız... Eğer olumsuz duygu ve enerjiler sizde artış gösterirse, bu alan delinir. Bu delikten içeri yeni negatifler de dolmaya başlar. Enerji hırsızları, arada kalan ruhlar, negatif enerji, nazar, bilinmedik blokajlar işte tam da bu delikten faydalanmak ister ve bu deliği fırsat olarak görür. Bir negatif, bir diğerini çağırır yani. Farklı enerji formlarını davet etmemek için özde kalış, olumlu kalış, arınma, dua ve zikirle kalkan yapmak mühim. Sebepler, altta kalan enerji sırları, geçmişe bağımlılık, blokajlar ve eskiden kalma travmaların veda eden etkisi temizlenmeli. Ani sinirleme, durduk yere atak geçirme, bir anda değişen enerji, sebepsiz patlamalar işte bu durum ile ilgilidir. Bu delik sende oluşursa, hangi olumsuz enerjiler senin enerji alanından içeri sızacak kontrol etmesi zor.

Tüm bunlarla baş etmenin ana kuralı manevi anlamda güçlü kalmanın dışında, bilinçaltına ulaşmak ve kapalı olmamaktır. Yaşadıklarından dolayı korkuların olabilir fakat hiç yaşamadığın şeylerden de korkarsın; yanlış öğretilmiş bilgidir bu. Korkuların büyük kısmı da aileden ve aile eski karmasından geçer. Korku, bilinçaltında kayda girerse, büyür ve yayılır. Yaşamda her alanda başlar bu korku etki göstermeye. O nedenle geriye giderek regresyon ile korkuları ilk önce dönüştürüyoruz. Kader, ALLAH tarafında belirlenir fakat kaderin özgür irade ve seçimlerle de gizli anlaşmaları vardır. Bu nedenle, sen bu yolda sandığından büyük bir dönüştürücüsün. Kader var fakat bilinçaltı kader değil ve dönüşüme açık. Bilinçaltı görkemli bir yazılımdır ve inanç yasaları ile çalışır. Zamansız, sonsuz, sınırsız ve bilge bilinçaltın tüm büyük fırsatlar için seni bekliyor.

MANEVİ ŞİFRELER

Bir düşmanı olan veya birinden zarar gördüğüne inanan YA MÜNTEKİM esmasını 630 kere zikreder, "Sevgiye kaynağına gönderdim bana geleni." der.

21 gün boyunca her gün 4000 adet YA VEDUD'u bir küp şekere oku ve ye, kendinde büyük ve güçlü bir enerji değişimi görüp aura'nı temizlemiş olacaksın.

Niyetini tut ve bir taş üzerine 21 tane MÜLK SURESİ oku, bu taşı her şeyden uzak bir yerde toprak alana bırak ve arkana bakmadan eve dön, kimseyle konuşma ve uyu.

7 gece yatsı namazı sonrası, 1000 defa KAFİRUN SURESİ oku ve hangi konudan arınmayı seçiyorsan bunu ALLAH'a söyle.

Bir suya 1000 adet KEVSER SURESİ oku ve niyete girip iç. Dileğine odaklan ve uyu...

Eve her ekmek alışında MAUN VE KUREYŞ SURELERİNİ oku, evde bereketin hayret edecek kadar artar.

4 ayrı beyaz küçük kâğıda ASR SURESİ oku, bunları evde 4 farklı köşeye sakla. Ev arınmış olacak ve negatif etki bitecek.

Derdin geçene kadar her gece uyku öncesi İNŞİRAH SURESİ oku.

Olumsuz durumlardan arınmak için HAŞR SURESİ oku.

Birinden kurtulmak için o kişinin resmine KEHF, ZİLZAL, TEVBE SURELERİNİ oku. Bol bol YA MANİ çek.

821 kere YA HABİR esmasını çekerek, ümit kestiğin bir konuda beklenmedik gelişme yaşayıp haber alırsın...

7000 defa YA LATİF esmasını çektikten sonra "ecibeyyühel melik Ruman" denir ve darda olduğun konu hakkında yardımını istersin...

MERYEM SURESİ ilk 6 ayeti bir bardak suya oku, aynı suya yağmur suyu da karıştır. Bir kısmını iç, bir kısmını toprağa dök. Hamile kalmak isteyenler için uygulamadır.

41 adet SALAT-İ MÜNCİYE'yi bir litre suya oku. Suyu azar azar 7 günde iç bitir, her içişte niyetini suya doğru söyle...

Kayıp olan bir şeyin yerini bulmak için 101 YA MÜİYD esması oku.

Sırlara vakıf olmak için düzenli ŞEMS SURESİ oku.

DİLEKLERE ÖZEL TILSIM

Bu tılsımı çiz veya fotokopisini al.
Üzerine niyetini dileğini söyle.
İçine resmini koyup kırmızı bir kumaşla kaldır.

<table>
<tr><td>اللّٰه</td><td>اللّٰه</td><td>اللّٰه</td></tr>
<tr><td>سَرِي</td><td>آنِينْ</td><td>جَاجِنْ</td></tr>
<tr><td colspan="3">٢ ٤ ٦ ٨ بدوح بدوح
٢ ٤ ٦ ٨ بدوح بدوح</td></tr>
</table>

ŞİFA TILSIMI

1111 kere bu tılsım üzerine YA ŞAFİ esmasını oku.
İçine hasta kişinin resmini koy.
Tılsımı ister çiz ister fotokopisini al.
Tılsımla resmi yeşil kumaşa sar, yüksek bir yere kaldır.

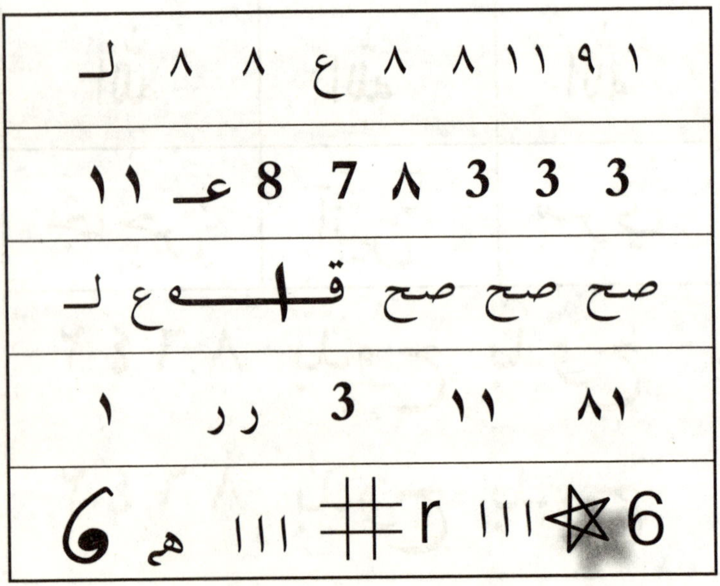

KORUNMA TILSIMI

Korunmak istediğin konu her ne ise bunu sesli belirt.

Bu tılsımı çiz.

Ortadaki yuvarlak içine kendi resmini yapıştır.

Üzerine KEHF, MÜMİN, KAFİRUN, FİL SURELERİNİ oku ve kaldır.

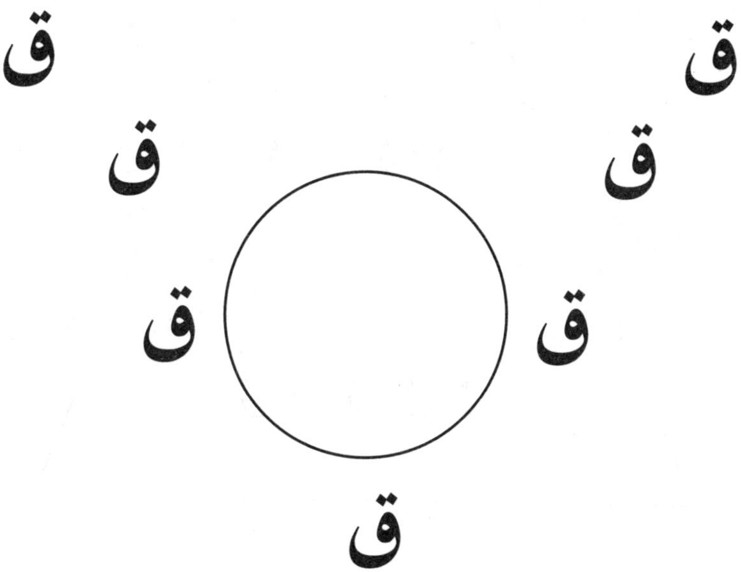

BÜYÜK DERTTEN KURTULMA TILSIMI

Bu tılsımı çiz ve üzerine ALLAH'ın 99 adını, Esmaü'l-Hüsna'yı oku.

Tılsımı üzerinde ya da çantanda taşı.

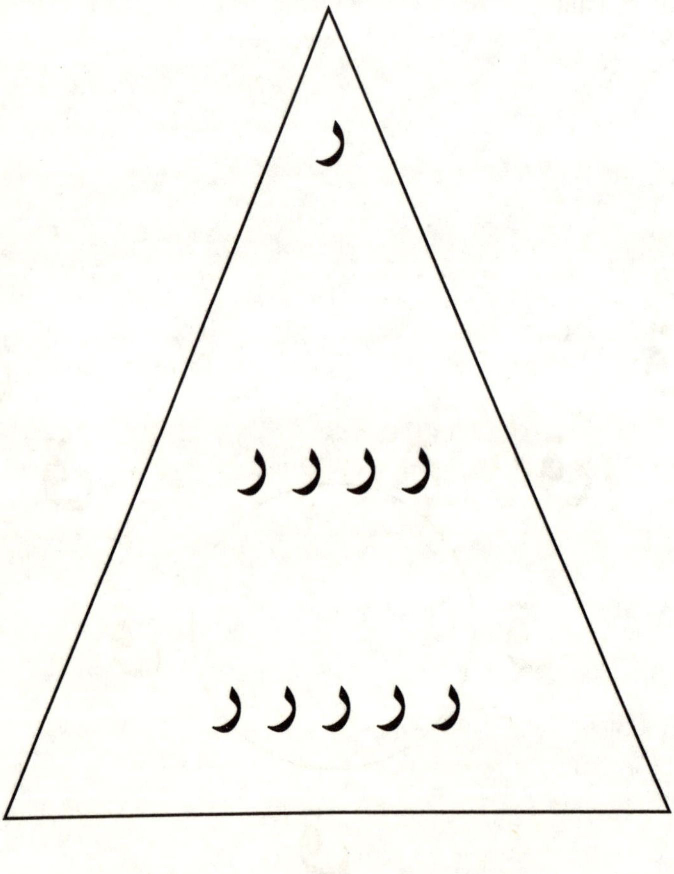

KISMET AÇIKLIĞI VE TERCİH EDİLEN OLMAK İÇİN

Bu tılsımı çiz.

İçine gül ve defne yaprağı koy, niyetini söyle ve çörek otu ile pirinç de ekle.

Odanda niyetlerini söyledikten sonra hepsini beyaz bir kumaşa sakla, kaldır.

ح ح ح ح ح ح ح ح

٨ ٨ ٨ ٨ ٨ ٨ ٨

BÜYÜK GÜÇLER TILSIMI

Amaç ve hedefini bu tılsımın içine yaz.
Üçgenin içindeki boş alana yaz.
Bu tılsımı çiz veya fotokopi çek.
Ajandanda ileri tarihli bir sayfaya koy.

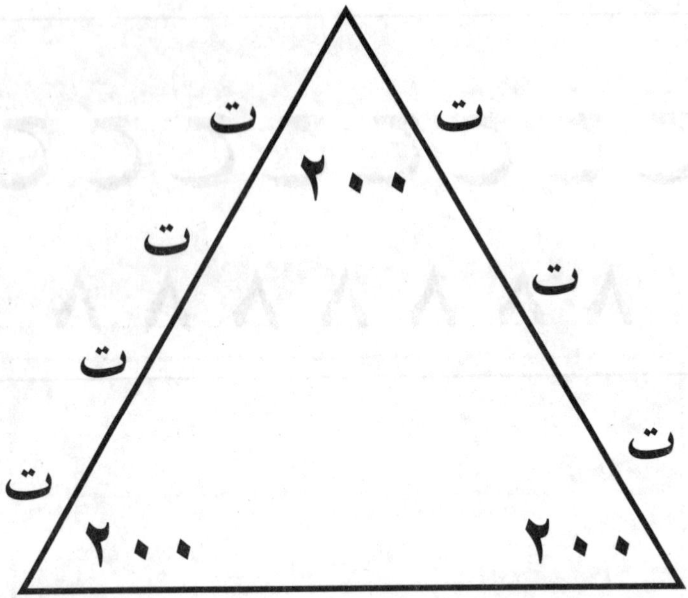

DİLEK TILSIMI

Tılsımı fotokopi çek ve üzerine 8888 kere YA HAKK esmasını oku.

Dileğini net olarak belirt.

Yanında taşı...

لععسل هع
١٨١١لا١١مممم٥

الرحيم	الرحمن	بسم الله
١٧٣	٢٦٢	٣٥١
٣٢٤	لطيف	٢٣٥

AŞK TILSIMI

Bir kâğıda kırmızı kalemle, kişi hakkındaki tüm dilek ve beklentilerini yaz.

Bu kişi de seni seviyorsa, yani konu hak ve helalse bu işe giriş…

Sonra bu tılsımı çiz, 4 tarafına kişinin adını yine kırmızı kalem ile yaz.

Tılsımın içine ikinizin de resimlerini koy, mor kumaşla kapat ve odanda sakla.

İlk yaptığın gece 4000 defa YA VEDUD çek.

بسم الله الرحمن الرحيم من ذلك بالله من سدةٍ لك
يَا سَمْطِيعِ النُّورْاَجِبِ يا رُوهَيَائِيلْ
٨ ٦ ٤ ٢ بدوح بدوح ٨ ٦ ٤ ٢ بدوح بدوح

SIRLI TILSIM

Bu özel tılsım şifrelidir ve çok tesirlidir.

Sıra dışı konular, özel amaçlar, zorlu konularda başvur.

Üzerine FETİH VE FATİHA SURESİ oku.

Üzerinde taşı.

Enerjisi geçsin diye fotokopi yerine kendin elinle çizersen daha iyi olur.

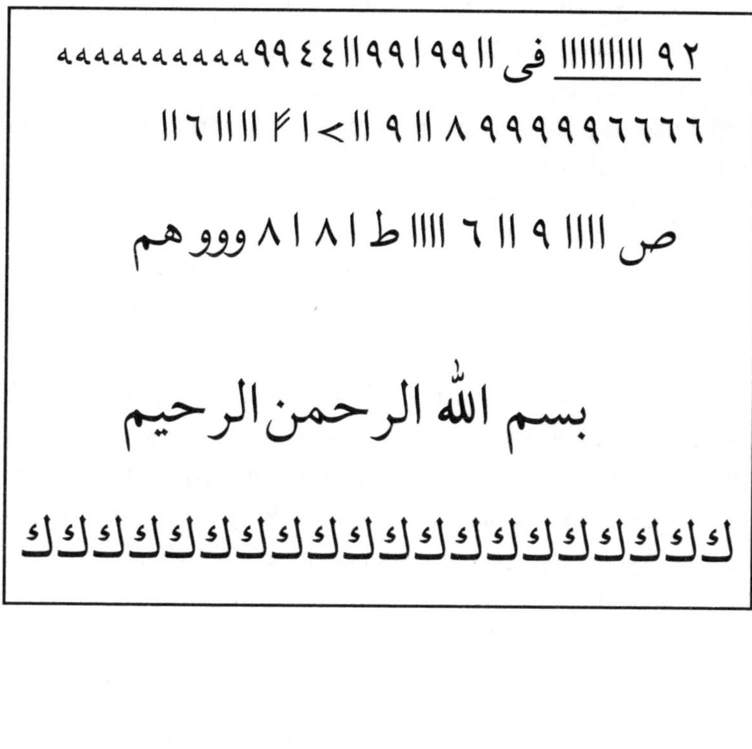

SPİRİTÜEL YAŞAM

Tüm tılsım, dua, ritüel ve uygulamalar senin yaşamında aslında güçlü bir enerji alanı yaratır. Mavi bir mum yak ve "Geçmişten gelen tüm olumsuzluklarımı yaktım ve bu mum sembolü ile erittim, benden çıktı ve gitti." de. Sonra, yine mavi bir kalemle bu kitabın kapağındaki tılsımı sol bilek içine çiz ve niyete gir, dileğini tut. Tılsımı silme, kendi zaman içinde silinir.

Eve veya bir alana giriş ve çıkışlar çok önemlidir, o anki his, anlık gelen bilgiler, nasıl niyet edildiği önemlidir. Paspaslar sadece ayakkabıyı temizlemez, senin enerjini de temizler. Bir ritüel olarak paspas üzerindeyken "Geride bıraktım, arındım, çok şükür." diyebilirsin.

Evi veya ofisi arındırmak için paspas altına 7 adet defne yaprağı kapatıp koymak iyi gelir.

Ayna, yansıma yasalarını temsil eder, aynaya bakarken çok fazla geçmişi düşünmemeye çalış. Ayna karşısında yaptıkların, söylediklerin, düşündüklerin yaşamında daha çok oluşur. Yani bu bir geri yansıma oluşturur. Ayna karşısına geçince bunları hatırla. Ayna karşısında yapılan bedeni sevme eylemleri değerli ve anlamlıdır.

Avuç içlerine olumlama söylemek ve dua okuyup, bedeninde enerji alanında ellerini gezdirmek etki sağlar. Bu çalışmalar, düzenli yapılınca sonuç sağlar. Hayatında hep enerjisi yüksek kelimelere yer ver "şükür, aşk, para, bolluk, heyecan, sevgi, zafer..." gibi. Her söz enerjidir ve yayılır.

Darda ve gerilimli hissettiğinde üzerlik tütsüsü sana yardımcı olacaktır. Şimdi git ve mutfakta seçtiğin bir boş cam kavanozun üzerine elinle yapacağın bir etiketi yapıştır, bu etiketin üzerinde "mucize" yazacak. Kavanoza çörek otu, defne, üzerlik tohumu, gül yaprağı, susam, top karabiber koy ve bırak enerji evin yaşam enerjisi yüksek yeri olan mutfakta çalışmaya başlasın.

SPİRİTÜEL ÖNERİLER

Bir anda kötü hissettiğin anlar oluyor mu...

Bir anda umutsuz veya gergin hissedip, çaresiz kalıyorsan: "Huzuru, sevgiyi, dinginliği, şükrü seçiyorum." dedikten sonra, portakal rengi bir ışıkla ışık duşu yaptığını imgele. Işık duşu sürerken iki kaşının ortasına -derin nefesler alıp verirken- 7 kere vur.

Bir konuda, bir dilek hakkında umudun azaldıysa bir deniz veya su kenarına git ve dileğini bir taşın üzerine yaz. OLDU dedikten sonra bu taşı sert bir şekilde suya at. Arkana bakmadan buradan uzaklaş.

Yatak odanda mor bir kumaşın içinde daima lavanta bulundur. İlham veya karar vermeyi gerektiren durumlarda, bu lavanta sana ışık olacak.

Ofis ve ev balkonunda, bolluk ve iyi şans için fesleğen yetiştir. Evde enerji alanını açmak için, evdeki kişi sayısı kadar tarçın çubuğunu cam bir kaseye koy. Kase dibine pirinç, yaprak, çörek otu ve beyaz ip koy. Şu eski süpürgeler var ya, anneanne babaannelerimizin de evlerinde olan. Biz küçükken tanıyıp bildiğimiz süpürgelerle evde bir arınma çalışması da dene. Evde 7 dükkan süprüntüsü ile tütsü yap.

Cam bir kaseye nane yaprağı koy ve bunu evde oturma odasına koy. Köşe bucak evi sirkeli su ile sil ve "süpürgeyle" evi sil. Gerçekten silebilirsin ya da enerjileri düşünüp bir arındırma sembolü olarak bunu görüp siliyormuş gibi yap. Bitince beyaz bir mum yak ve erimesini izle...

Evde dönem dönem portakal, limon, mandalina kabukları ile tütsü yap. Ayrıca bu meyvelerin üzerine evdeki kişi sayısı kadar karanfil batır ve balkona bırak. Yeniay zamanlarında dileklerini mavi kalemle beyaz bir kâğıda 40 kere yaz.

Sadece 40 kere söylenen değil, bu sayıda yazılanlar da gerçek olur. Dolunay zamanları birer kâğıda birer dolunay çiz. Bir kâğıda bitmesini istediklerini, diğerine dileklerini yaz. Negatif kâğıdı suya bırak, diğerini yak ve külleri toprağa göm.

Gün içinde olumsuz hissettiğin an, pencere kenarına git. Olumsuzlukları imgeleme yolu ile pencereden gördüğün bir bulutun içine koy ve yükselip gittiğini imgele. Derin nefesler al ve ver.

ŞİFRELER SANA SUNULDU, ALMAYI BİL...

Günümüzde kişinin huzursuz, mutsuz olmasının tek sebebi kendini duaya ve ALLAH'a yeterince vermeyişi... ALLAH'a güvenen mutludur ve inanç doludur. Mutsuzluk sadece inançsız insanda olur. Amacına ulaşamayan ya da çok bekleyen kişi, bunda da bir sır olduğunu kabul etmeli ve hakikati görmeli. ALLAH'tan neyin nasıl isteneceğini bazı sır ve şifreler dahilinde bu kitapta aktarmaya çalıştık. KUR'AN tek kaynak ve en büyük şifadır. ALLAH kapısı isteme kapısıdır, asla isyan ve direnme kapısı değildir. İnsan, kendi olmak için bile ALLAH'a yürekten inanç hissetmeli. Her dert dermanı için farklı bir şifre ile giriş talep eder. İstemeyi de şifreyi de bilmek lazım. Umarız, bu kitap bu yolda bir ışık olur sana.

İnsan, dua ettikçe ruhuyla yükselişe tanık olur. Kader varsa, keder yoktur. Gelen zaten en yüce yerden gelmiştir. Her ne dert gelirse gelsin, önce arınmayı ve sonra sadece ALLAH'ın kapısını çalmayı bil. O kapı da ancak dua kapısıdır. ALLAH, seni unutmadı sadece dua ile yola çıkmanı bekliyor. ALLAH, rahmeti ile hep kulunu kollayandır. Seni, ne yaşarsan yaşa ALLAH dışında kimse tam anlayamaz, duyamaz, teselli de edemez. İnsanlarda aradıklarını aslında sadece tam ve bütün olarak ALLAH'ta bulursun. Sen, ALLAH'ın razı olduklarını yaşıyorsun. Dünya gerçek bir âlem değil, ahiret gerçek. Burayı taçlandırıp, ruhunu küçültme. Her istediğin olmaz belki ama olan gerçekte sana hizmet eden. ALLAH, isteme kapısını sana ardına kadar açmışsa, en doğru niyetler içinde olmalısın sen de. Sana cennet vaat edilirken, bu dünyadaki geçici hevesler için ruhunu sakın parçalama. Duan duyulur ve ALLAH her kulunun duasını yakarışını sonsuzca dinler, bilir. Sen duan kadar varsın; dert sadece derdi anlayacak olan ile paylaşılmalı. O da ALLAH işte... Dua, senin ALLAH ile muhatap olma yolun. ALLAH'ın razı olacağı bir kul olmak için bu boyuttasın. Sadece ALLAH ile muhatap olan kula, ALLAH zaten isterse tüm diğer kullarından vesileler oluşturur. İstediğin şeylerin sonu gerçekten senin için hayırlı mı tam olarak bilemezsin ama ALLAH bilir, o nedenle her dilek ALLAH'a teslim edilir. Kötü kader yoktur, ALLAH senin için neyi uygun bulduysa o en güzel sondur, kaderdir. Her hoşuna giden, yolun en sonunda sana hayır sunmayabilir. Bir dert ise gelişiyle sonradan seni zirveye taşıyabilir. Kimse, ALLAH'ın kapısını sadece yüzeysel arzuları için çalmamalı. Bu, en düşük seviyelerdendir. Sadece acizken değil, güçlüyken de hamt et. Başına her gelenin, nereden geldiğini unutma. ALLAH rızasına göre yaşarsan, gelen her sonu seversin. ALLAH seninle, demek ki aşamayacağın dert yok. Kulluk, en yüksek mertebendir bu âlemde, kulluk her şeyi anlamak ve idraktir. Sana tüm duygu ve o istekleri bile ALLAH verir. Ne büyük güçtür ki O bizleri asla bırakmaz.

ط ١١ ٩٩ ٨٨٨
خ خ خ ااا
ا و د ز ا ح
ح ا ح د و ا ح
ا د و

GEÇMİŞTEN GELEN TÜM OLUMSUZ AKTARIMIN İPTALİ VE YENİDEN DOĞUŞ

DNA'nın hafızası vardır ve atalardan, geçmiş yaşamlardan kalan enerji ve deneyimleri kayıt altına alır, aktarır. Anne karnında kayıtlar, kodlar DNA yazılımına yüklenmiş olur. Genetik yolla ve enerji mirası aktarımı ile olumsuzluk da korku da aktarılabilir.

Rad/8: "ALLAH KATINDA, HER ŞEY BİR KADERE GÖREDİR."

Ataların yarım bıraktığı, yaptığı hatalar, kusurları, hastalıkları, korkuları sonraki nesillere geçiş yapar. Her iyi olan ve kötü olan, DNA yazılımında yer alır. Kötü karmayı bırakmak, farkındalığı yüksek her bireyi enerji olarak olumlu etkiler.

"ALLAH'ım, eskiden ve aile geçmişimden gelip bana sirayet etmiş olan tüm öfke, korku, zarar, hata, günah, hastalık, yarım kalmışlık, karma borcu, kul hakkı, imtihan, takıntı, günah ve hastalıkların etki ve enerjisi üzerimden kalksın. Şimdi ve tüm zamanlara doğru bu geçişlerin iptali için gereken tüm enerjiyi yaşamımda kabul edip onay veriyorum. Ana rahminden itibaren bende kayıtlanmış olan tüm olumsuz akit, kontrat, rol, anlaşma, hatalı karma yemini, geçişler şimdi ve tüm zamanlara doğru benden çıktı. Düğüm, negatif geçiş, dirençleri bıraktım. Yarım kalıp bende enerji blokajı sağlayan konuları, beddua, nazar, büyü, lanet, göz, hatalı sözlerin tüm etkilerini sonsuza kadar

iptal ettim. Şimdi ve tüm zamanlara doğru, tüm mekanlara doğru, tüm frekans ve boyutlarda, ezelimde ve ebediyen arındım. Bana sevgi gelir, benden sevgi çıkar. Bendeki her şey saf sevgiye dönüştü." dedikten sonra KAF, KEHF, ENFAL, SAD VE RAD SURELERİNİ oku bir bardak suya ve iç...

ŞİFA OLSUN, VE ÖYLE DE OLDU...

ESTAĞFİRULLAH EL AZİM. AMİN.

SAKIN ÜMİDİNİ KESENLERDEN OLMA, ALLAH SENDEN ÜMİDİNİ KESMEDİ, HÂLÂ BURADASIN.

Kalbini kıranla meşgul olma, onların da tek sahibi ALLAH. Onları ALLAH'a bırak. Kime ne yapılacak, O en iyi bilendir. Kalbini kıranla, enerjini çalanla, kötüyle uğraşacak vaktin kalmadı. Dünya değişiyor, enerji değişiyor, ilerliyor zaman. Kendin için en iyi ve en ilahi olanı fark edip artık kendinde uygulamak zorundasın. Sevgide kal, seni de her şeyi de sevmek kurtarır. ALLAH günahlarını affetmeye hazır; ALLAH için neler yaptın ve yapacaksın bunları iyi tart. Hiçbir kapıda ısrar etme, dua kapısında ısrarcı ol yeter. Kapıları açan O'dur. ALLAH'tan başka ne gidecek yerin ne kapın var. Her adımında bu hakikati düşünüp o şekilde yol al. Ruh, sonsuzdur ve devam eder. Sen sadece bu boyuta gelmiş bir insan değil, her şeyden önce bir ruhsun. Fani ve değersiz olanla ruh tatmin olmaz. ALLAH her yerdedir, her duygunun içindedir. Dünyada ve hayatta ne olursa olsun, sen iyi kal. En büyük mücadele de budur. ALLAH'ı bilen, hisseden, asla umutsuz olmaz. Gelecekte seni neler bulacaksa, hepsi de bugünkü duan ve inancın ile olacak. Seni anlamak istemeyenlere üzülme, seni sonsuz ve sınırsızca ALLAH ve melekler tüm zerrelerinle anlar, bilir. ALLAH, senin kalbinde ve sen de ancak O'nu zikredip mutlu ve dingin olursun. İmtihan mı geldi, demek ki ALLAH seni düşünüyor ve duaya çağırıyor. Bu imtihan yolu ile seni yine çağıran YÜCE ALLAH'a şükürler olsun... Her derdin tek ilacı ALLAH ve dua. Her olay sadece ALLAH'ı hatırlamak için. ALLAH'a sığın ki en güçlü sen olasın, seni yaratan senin için neyin en iyi olacağını bilir. ALLAH'a dayanan kul, en güçlü olandır. Sonu selamettir. ALLAH bir kulunun yanındaysa, kimse onu yıkamaz.

MUCİZE DİLEK AĞACI

Ağacın üst kısımdaki boş yere dileklerini yaz, ağacın alt kısmındaki gövdesine de "Dileğimin enerjisine uyumlandım, buraya sonucu mühürledim." yaz ve son olarak 489 kere YA FETTAH esmasını bu ağaca odaklanarak okuduktan sonra odanda ayağa kalk, ayaklarının altından dünyanın merkezine doğru mavi bir ışık ile kökler saldığını imgele. Derin nefesler al ve ver... Ağaç köklenmeyi, sağlamlığı, güveni, bağlılığı sembolize ederken, bilinçaltını da görsel gücü ile tetikleyecek. Yazmak, oluşturmaktır. O nedenle bu yazı tekniği ile dileğin hakkında daha net olacaksın. BU SAYFAYI gün içinde enerjisi seninle olsun diye, fotoğrafını çekip telefonunda da saklayabilirsin.

Sevgiyle, nice kitaplarda buluşmak niyetimiz ve dileğimizle…

ALLAH'IN KAPATTIĞI KAPILAR, HEM İMTİHAN HEM KORUMADIR. SEN ARTIK, KISMETİNİN KAPISINDAN GEÇECEKSİN.

KISMET / Tuğçe Işınsu

MELEKLER ŞİFA LİSTEMİZ

Şifa sadece ALLAH'tan gelir.

Bizler, dünyaya daha çok ışık yaymaya çalışan spiritüel danışmanlar olarak kendi gücümüzün yettiği kadar ALLAH'ın izniyle, kanallık yaparak, inanç ve içsel gücümüz ile tanıdığımız tanımadığımız dünyanın neresinde olursa olsun gerçekten ihtiyacı olanlara dua etmeyi, onları sevmeyi, ışık göndermeyi vazife ediniriz.

Melekler Şifa Listemiz; gerçekten çok zor durumda olanlar, hastalar, ağır koşullar içinde olanlar, çok büyük darbeler almış olanlar, engelli dostlarımız içindir. Kendi isminizi veya tanıdığınız yakınınızın ismini bu listeye yazdırabilirsiniz. Belirli zamanlarda toplu yapılan ve isteyen herkesin de "niyete girerek" kendi enerji, şifa ve sevgisini aktarabileceği bu çalışma, herkesin BİR olduğunu herkese yeniden hatırlatmak içindir.

Melekler Şifa Listemiz'e göndereceğiniz isimler daha az önemli zorluklar içinde olmamalı, gerçekten ihtiyacı olan kişiler için düşünülmüş bir çalışmadır bu… Konuya göstereceğiniz hassasiyet için teşekkürler.

Hayatta en güzel şeyler hep bedavadır; sevgi gibi, şefkat gibi, merhamet gibi, aşk gibi…

Dünyanın neresinde olursanız olun, ışığımız size ulaşır.

ALLAH büyüktür, her şey sadece O'ndan gelir.

"Ya Şafi"

TUĞÇE IŞINSU İLE BİREYSEL SEANSLAR:

(Telefonda ya da yüz yüze)

REGRESYON- GEÇMİŞ YAŞAM ŞİFASI
İLİŞKİ ŞİFALANDIRMASI
BİLİNÇALTI DÖNÜŞÜMÜ
BOLLUK & BEREKET ÇALIŞMALARI
KİŞİYE ÖZEL "AŞK-BAŞARI-DİLEK-BEREKET" TILSIMLARI

Randevu için: 0535 307 95 28
facebook.com/tugceisinsuOFFICIAL
instagram: tugceisinsu
twitter.com/TUGCE_ISINSU
tugceisinsu.blogspot.com.tr

TUĞÇE IŞINSU
HİÇ'LİKTEN GELEN
GÜÇ
Unutma!
Kaybedecek hiçbir şeyin kalmadığı gün,
içindeki gerçek güç açığa çıkar.
Gerçek güç, hiç'likten gelir.
Sana bu kitapta öyle şeyler anlattım ki
artık asla eskisi gibi olamazsın.
FENİKS
165.
BASKI

TUĞÇE IŞINSU

'OL' der ve OLUR

(Kûn Fe Yekûn / Bakara Suresi 117. Ayet)

Dileğin henüz olmadıysa
hâlâ olma şansı var demektir...

Bu kitaptaki her şey,
dileğinin gerçekleşmesine vesile olsun.

(VE ÖYLE DE OLDU)

FENİKS

129. BASKI

Tuğçe Işınsu
MELEKLER
VE
DÜNYANIN KURTULUŞU
"Dünyayı sadece "gerçek sevgi" kurtarabilir, insanlığı da...
Melek enerjisi ile çalışarak gerçek sevgiyi, kendinizi,
yaşamı ve mucizeleri tanıyabilirsiniz.
Allah'a yakın olmanın ışığı, maneviyatın derinliği,
evrenin en saf enerjisi bizimle...
19.
BASKI
FENIKS

TUĞÇE IŞINSU
AŞK VE CAZİBE AKADEMİSİ
Kadınlık tarihinin sıradışı, gizli, mistik
aşk ve cazibe sırlarını emrine sunuyorum.
Önünde diz çökecek erkeği sen seç!
17. BASKI
FENİKS

TUĞÇE IŞINSU
Aşk Kartları
20. BASKI
TUĞÇE IŞINSU
Aşk Kartları
Çok özel 44 Aşk Kartı ile aşk falına bak, dilek tut, ondan haber al, ilişkini şifalandır, aşk ritüelleri ve tılsımları yap!
FENİKS
27. BASKI